JN222653

Introduction to Commerce for Young Readers

高校生からの商学入門

中央大学商学部 編

中央大学出版部

　商学部では、主として経営行動について学びます。ここで経営行動とは、企業におけるリーダーがとる基本的な経営に関する行動を指します。経営というと高校生諸君には、あまりピンとこないかもしれませんが、リーダー経験がある諸君は特に、既にその一端に触れているはずです。部活動においてキャプテンになったことがあれば、①部の目標を明確にして、②チーム競技の場合、勝利するために最適なフォーメーションを考え、③最適なメンバーを選び、④やる気を高めるための仕組みを考案したことがあるでしょう。これらの取組みの①は戦略の立案、②は組織構造の決定、③は人事の決定、④は経営管理システムの設計に通じるものであり、「経営」といってもいいのです。

　かつて経営の神様と呼ばれたパナソニック㈱の創業者である松下幸之助氏は、個人の人生や家庭生活も1つの経営であると捉え、より良い社会を実現するためには、1人ひとりが経営意識をもって人生を生きることが大切だと訴えました。このように「経営」は、諸君の遠いところにあるものであるどころか、生きがいある人生を実現するために必須のものといってもよいのです。

　さて、企業の活動となると、上記の①から④だけでは十分ではなく、リーダー達は、組織で働く人たち全員と協働して、消費者にとって魅力の高い製品やサービスをつくり、そしてそれらを国内や国外のマーケットに対して、最先端の情報技術などを駆使しつつ、効果的・効率的な方法によって提供していかな

ければなりません。もちろん、それらの協働活動の前には、その活動が本当に利益の獲得につながるのかをしっかりと検討することが必要です。さらに、それらの活動を円滑に行っていくのに必要な資金を調達し、財産を運用し、様々なリスクを管理することが非常に重要になってきます。また、経営を行った結果、どのくらい儲かったのか、どのくらい借金や財産が残っているのかなどを把握することは、永続的に経営を維持・発展させていくためにも、また円滑な資金の調達を可能にするためにも、とても大事なことです。以上のことについて効果的な学修を可能にするために、商学部では経営学科、会計学科、商業貿易学科、そして金融学科の4学科体制をひき、体系的なカリキュラムを提供しています。

　本書を読めば、商学部での学びの一端に触れることができます。しかし、あくまでも「一端」です。読了後、商学に関心をもち、その本質を知るために、商学部の門を叩いてくれることを祈念してやみません。

　末筆ながら、中央大学附属高等学校大高知児教諭、中央大学杉並高等学校（現・中央大学附属中学校・高等学校）齋藤祐教諭には、出版企画書および原稿に目をとおしていただき、数多くの貴重な助言を賜りました。記して心より感謝申し上げます。

2019 年 5 月 1 日

中央大学商学部長　　渡辺　岳夫

1. なぜ商学を勉強する必要があるのか？

まず、最初に皆さんへ質問です。

あなたはなぜ学校で勉強をする（した）のですか？

この問いに対して、良い成績をとりたいから、レベルの高い学校へ行きたいから、勉強が面白いからといった積極的な理由から、本当は勉強なんてやりたくない、実は勉強せずにサボっているといった消極的な理由など、皆さんの答えは様々でしょう。こんなことを大学教員がいっては怒られるかもしれませんが、実はこれを書いている私も高校生までの時であれば「親に言われたから」と即答します。

それでは、もう1つ質問です。

社会人として活躍するためには、どのような勉強が必要ですか？

昨今、日本企業の海外展開や海外から日本に来る方も増えています。そこで、好き嫌いは別にして英語の勉強は役に立つと考える人は多いかもしれません。しかし、よくよく考えてみてください。ほとんどの方は社会人になる＝企業で働くことですし、家業を継いだり自分で起業したとしても、いずれもビジネスに身を置くことになります。また、スポーツなど専門的な領域で活躍する方でも、例えばサッカーの本田圭佑氏や競泳の北島康介氏はスポーツチームもしくは教室などのオーナー・経営者としてビジネスに関わっています（詳しくは、日本経済新聞2019年4月16〜20日の朝刊に「アスリート事業家の冒険」という連載記事が掲載されています）。そして、特に大学においてビジネスに

関する授業や研究を扱う学部が商学部や経営学部です。このように書くと、有名で新聞にも取り上げられるほどのビジネスまでは将来考えていない、もしくは「はじめに」で述べられているような経営行動（企業におけるリーダーがとる基本的な経営に関する行動）といった高いレベルまで目指していない方は、商学を学ぶ必要はないと感じることでしょう。ただ、ここで誤解してほしくないのは、経営のリーダーというのは何も経営全体のリーダー（経営者・社長）だけではなく、企業内の大小様々な部署のリーダーや数人のチームリーダー、場合によってはアルバイトのリーダーも含むということです。企業では、重要な経営行動に関する方針を経営全体のリーダーが決定し、それにもとづいて部署のリーダーやチームリーダーが詳細な方針を決定して、担当者が実行します。そのため、経営全体のリーダーのみならず、各部署やチームのリーダーも役割に応じた適切な方針を決定するために商学の知識が必要であり、末端の担当者も同様に方針を適切に理解しつつ現場の実情に適した形で指示を実行するために商学の知識が必要となります。また、この上から下への流れ（トップダウンといいます）とは逆に、ビジネスの現場の実情を理解している末端の各担当者や小規模のチームのリーダーから上位のリーダーに対して経営行動に関する大小様々な提案を上げていく流れ（ボトムアップといいます）もあります。このとき、末端の担当者や小規模のチームのリーダーが商学の知識を身につけていれば、より有用な提案をすることが可能となるでしょう。つまり、程度の違いはあるにせよ、どのような領

域、もしくはポジションにおいても社会人として活躍するにはビジネス（商学）に関する知識を身につけるための勉強が多少なりとも必要となります。

　本書は『高校生からの商学入門』というタイトルにあるように、主に高校生の方に商学部などへの興味をもってもらうことを主な狙いとしていますが、将来に商学・経営学以外の領域への進学を考えている方や、さらには学部に関係なく大学生、さらには社会人の方にも本書を通じて商学のエッセンスに触れてほしいと思います。

2. 商学で学習する「経営」の目標は何か？

　さて、商学・経営行動と言っても、その中には様々な領域があります。誤解を恐れずに各領域で共通する経営行動の目標とは何かを一言で表すならば、最終的に利益を稼ぐことであるといえます。利益を稼ぐのが目標といってしまうと、金儲けに良いイメージをもっていない方や利益にとらわれないしっかりとした理念をもっているビジネスパーソンの方は反感をもつことでしょう。また、本書の企画に携わった商学部の教員からも様々な意見があり、章によっては違う考え方が示されています。目標と結果が逆で、より良い製品やサービスの提供を目標とした結果から利益が生み出されるという視点も極めて重要です。ただ、企業が利益を出すことができれば、結果として利益を従業員の給料アップに使ったり、研究開発などに充てることでより良い製品やサービスを生み出すことを通じて、社会全体

を豊かにすることができます。また、日本では高齢化が進んで将来の年金や保険制度に不安をもっている方も多くいるかもしれませんが、企業が利益を稼げば税収が増えて様々な社会制度を維持・充実させることもできます。もちろん、利益至上主義に陥って違法行為や倫理に反する手段で利益を稼ぐことは許されません。現在では日本でも企業の社会的責任（CSR; Corporate Social Responsibility）が注目され、法律を守ることは当然のこととして、企業も社会に対して積極的に貢献することが求められるようになっています。それに、残念ながらマルチ商法や悪質なビジネスに関するニュースを目にすることも多いですが、まっとうな企業が利益を稼ぐ仕組みを理解することによりはじめて悪質なビジネスのからくりを見抜くことができるようになるのです。さらに、社会貢献活動や慈善活動を主たる目的としたNPO（非営利組織、広い意味では私が勤めている大学も該当します）の社会的重要性も高まっています。このような組織は利益追求が目標ではありませんが、かといって赤字続きでは継続して満足のいく組織運営ができなくなりますので、ここでも利益追求を目標とした経営の知見が役立つことになります。そのため、絶対的に正しいかどうかは別にして、商学では経営が利益に結びつくか、どう結びつけるのかを念頭に話しを進めます。

3. 商学の領域と本書の全体像

　それでは、どうやって利益を稼ぐという目標を達成できるかといえば、仕入金額よりも高く売ることに尽きます（正確には

仕入金額以外の費用も考慮する必要があり、詳しくは第3章を参照してください）。製造業ならば製造金額よりも高く売る、サービス業ならばサービス提供にかかる金額よりも高く売る、ということです。そこで、まずはどんな商品をどのように売るかを考えなければなりません。この領域を扱っているのが本書の第一部「ビジネスで商品を売るには？」（第1章〜第3章）です。第一部の第1章では、商品開発戦略について皆さんも知っているミネラルウォーターの「い・ろ・は・す」を取り上げています。企業が考えなければならない経営戦略には、どこでどのような事業を展開するか？　事業を展開するための人や金といった資源をどのように確保してどこへ配分するのか？　など様々です。その中でも、皆さんにとって馴染みがあって特にイメージしやすい商品開発の戦略について、戦略を策定する過程や成功した要因について説明します。次の第2章では、顧客（お客さん）がどのように商品を選択して買うのかといった、マーケティングを取り上げます。第1章では特定の商品の開発に視点があったのに対し、この第2章ではお客さんのニーズの捉え方や、特定の商品に限定せず、より一般化して様々な商品に当てはまる企業の商品の売り方といったマーケティング戦略に視点を置いています。そして、第3章では、商品を売ることによる利益（数字）の部分を扱っています。いくら良い商品を開発してお客さんにアピールしても、結果として赤字になってしまっては失敗と言わざるを得ません。商品を売るにあたっては、お客さんに受け入れられる価格である（第2章のマーケティ

ングの視点）のと同時に、仕入金額もしくは製造金額など（費用）を上回る価格でなければなりません。そこで、学園祭のコーヒー屋台を題材に会計の視点から価格設定や予算の作成を説明します。

第二部はタイトルに「ビジネスとお金」（第 4 章〜第 6 章）とあるとおり、経営におけるお金について扱います。第 3 章でもお金に触れているように、企業の経営行動ではお金の動きや計算も極めて重要です。本書を手にとっている方の中には、算数・数学嫌いの方もいるかもしれませんが、よっぽど特殊で高度な領域を専門としない限り、本書や大学で学習する商学、もしくは一般的なビジネスパーソンとして活躍するには四則計算（＋−×÷）や％などが分かれば十分ですので安心してください。この第二部の最初の章である第 4 章は企業の資金調達を取り上げています。第一部では商品を売ることを主眼としていましたが、商品の開発・仕入・製造やマーケティングの調査・宣伝、さらには従業員の給料を払うためには、まず元手となるお金が必要です。そして、小さな規模ならば自分の貯金や家族からお金を調達することもできるものの、より大きな規模になると出資を募ったり銀行から借り入れることで調達する必要があります。いくら良いビジネスのアイディアをもっていても、資金調達がうまくいかないとアイディアを実現することができませんので、経営において第 4 章も極めて重要な内容となります。また、企業が資金を調達するには、その相手方として資金の出し手がいなければなりません。このような資金の出し手

には、銀行や投資ファンドといった専門の企業の他に、個人投資家もおり、企業のビジネスを成功させるために重要な役割を担っています。そして、商品のマーケティングでお客さんのニーズを汲み取る必要があるように、企業の資金調達にあたっても資金の出し手のニーズ（どのようなことと考えて資金を出す＝運用するか）を理解しなければなりません。さらに、以前と比べて人気はやや落ちているものの大学から金融機関に就職する人が多いことや、一般企業に就職しても働いている間に毎月一定額を積み立て、自分で運用の指示を行って退職金に充てる制度（確定拠出年金といわれています）を導入する企業も増えています。特に高校生の皆さんにとって投資や運用は専門家やお金持ちがやることで自分に関係ないと思われるかもしれませんが、これからは様々な場面で資金運用に関する知識が必要となるのです。そこで、第5章では、資金の出し手に視点を置き、資金運用を取り上げています。続く第6章では、主に企業の利益をどうやって計算するかといった会計について扱っています。利益の計算や会計は第3章でも出てきていますので、第3章と第6章は密接な関係があります。ただ、第3章は主に自分の企業を経営するための会計（商品の価格や予算設定）に主眼があったのに対し、第6章は第4章や第5章で見る資金の出し手といった外部の人たちに対する会計に主眼があります。すなわち、特別な事情がない限り資金の出し手は潰れそうな企業にはお金を出したくありませんので、調達側も自分の企業が潰れそうにないことや業績が良いことを出し手に示す必要があり

ます。そこで、商学において会計が重要な役割を果たしていることを説明します。

　第三部は「世界に広がるビジネス」（第7章〜第9章）を見ていきます。今や、大規模企業では海外にお客さんや仕入先、もしくは工場があるのは当たり前であり、皆さんが使っている日用品も多くが海外で作られています。そこで、第7章はグローバル企業がどのように世界でビジネスを展開しているのかについて、アパレルメーカーを例にして見ていきます。ただ、世界中に展開するだけの力をもっている企業は社会への影響力も強いがゆえに、場合によっては社会に悪影響をもたらしてしまう場面もあります。そのため、企業の社会的責任の重要性も併せて第7章で確認します。続く第8章ではグローバルなビジネスの中でも、国をまたぐ物の移動である貿易について見ていきます。ビジネスのグローバル化によって国際的に物を動かす貿易の重要性がますます高まっています。その一方で、商品が国をまたぐことになると運送距離が長くなることによる特有の課題が生じます。海外で作られたものが当然のように店頭に並んでいると、貿易と国際的な物流の難しさを意識することはないものの、当然のように並べてビジネスを成功させるために企業がどう貿易の課題に取り組んでいるのかを確認します。最後に、第9章はスマートフォンを軸にして、ICT（情報通信技術）がどのようにお客さんへ受け入れられたのか、またICTが広く様々なところで用いられることによる課題について見ていきます。スマートフォンはコンパクトなサイズに多くの高度な部

品が組み込まれて物として重要な商品であるのと同時に、ゲームや写真編集、写真や動画の投稿、メッセージのやり取りに使うスタンプなど、アプリを通じて特定の機能に限定されない数多くのサービスや体験が商品として提供されることも重要です。さらに、情報やサービスが企業からお客さんへ一方的に提供されるだけではなく、お客さん個人の様々な情報が（意識せずとも）企業へ提供されるという特徴も有しています。このように、他の商品やサービスにはない様々な特徴を有していることで、ここ5 〜 10 年という短い期間で一気に世界へ普及しました。しかし、ICT の発展スピードが早いことで、主に情報の取り扱いについて問題が指摘されることも多くなっています。そこで、利用者もさることながら、企業も ICT に関連する問題にどう応えて経営を進めるのかが課題になりつつあることを確認します。

　それでは前置きはこれくらいにして、第 1 章から商学の世界を見てみましょう！

目次

第一部　ビジネスで商品を売るには?

第1章　ミネラルウォーター「い・ろ・は・す」の成功のワケ
——企業の商品開発戦略を考える

1. はじめに
2. 「い・ろ・は・す」の開発が始まるきっかけ
3. 開発のスタート
4. 商品の特徴
5. 商品のネーミングとパッケージデザイン
6. 広告・宣伝
7. 成果
8. その後の展開
9. 「い・ろ・は・す」の成功を経営学の観点から考えてみよう
10. おわりに

第2章　消費者の選択と企業のマーケティング

1. マーケティングとは何か
2. 顧客のニーズとは?
3. どのスマホ?
4. 消費者の選択

第三部　世界に広がるビジネス

ビジネスで商品を
売るには?

第1章　ミネラルウォーター「い・ろ・は・す」の成功のワケ
──企業の商品開発戦略を考える

1. はじめに

　もし、あなたが飲料水メーカーの商品開発担当者で、「新しい小型ペットボトルのミネラルウォーターを開発せよ！」というミッションを受けたら、どのような商品を開発しようと考えるでしょうか。ジュースのように味の違いがわかりやすい飲み物とは異なり、ミネラルウォーターでは味や香りなどで商品そのものにハッキリとした差をつけにくく、実際に新しい商品を開発しようとすると、なかなか商品の特徴づけを考えるのが難しいと感じるのではないでしょうか。

　このように普通に考えただけでは、どこに目新しさを加える余地があるのだろうと考えてしまうようなミネラルウォーターにおいて、2009年5月に日本コカ・コーラから発売された「い・ろ・は・す」は、ライバル企業の商品から遅れて登場したにも拘わらず大ヒットし、現在では国内の小型ペットボトルのミネラルウォーターの中で最も売れている商品となりました。ライバル企業が従来から販売している定番商品がある中、しかもミネラルウォーターという他の商品との違いや差をつけにくい商品において、「い・ろ・は・す」はどのようにしてトップの座につくことができたのでしょうか。

　この章では、このような難しい条件の下で成功を収めた

「い・ろ・は・す」が開発されてヒットするまでのストーリーを通じて、企業の商品開発に関わる戦略とは何か、商品開発を成功させるうえでの大切なポイントとは何か、一緒に考えてみましょう。

2.「い・ろ・は・す」の開発が始まるきっかけ

日本におけるミネラルウォーターの消費量は、水道水への不安や小型ペットボトルの普及によって1990年代から増えはじめました。そして、国内ミネラルウォーター分野の売上は、2006年頃まで順調に成長・拡大を続けてきました。しかしながら、この時期から個人による消費が低迷して徐々に成長が鈍りはじめていました（図表1）。

この頃、日本コカ・コーラは、「アクアセラピー ミナクア」というミネラルウォーターを販売していました。「コカ・コーラ」「ファンタ」「爽健美茶」「ジョージア」「アクエリアス」など強力な商品を数多くもつ日本コカ・コーラですが、ミネラルウォーターの分野では定番商品をもてずにいました。「アクアセラピー ミナクア」は全国の自動販売機にはあるものの、消費者からの知名度が低く、コンビニやスーパーなどの小売店の棚にはなかなか置いてもらうことができずにいました。このように、各飲料分野で数多くの定番商品をもつ日本コカ・コーラは、ミネラルウォーター分野においてはライバル企業に差をつけられていたのです。そのため、当時の日本コカ・コーラにとって、ミネラルウォーター分野の強化は必須とされていました。

日本は世界でも有数な天然水に恵まれた国です。しかしながら、2008年時点における1人あたりのミネラルウォーターの年間消費量は19.7ℓと、アメリカ（101.4ℓ）、ドイツ（148.5ℓ）、フランス（125.7ℓ）、イタリア（178.5ℓ）などの欧米諸国と比べるとずっと少ないものでした（独立行政法人中小企業基盤整備機構「J-Net 21」）。そして、このミネラルウォーター分野は、長年にわたって、輸入水に大きなシェア[1]を占められていました。

　そのため、ミネラルウォーター分野で他社に遅れをとっていた日本コカ・コーラには、新しい視点からミネラルウォーター

図表1　ミネラルウォーター類 国内生産・輸入量の推移

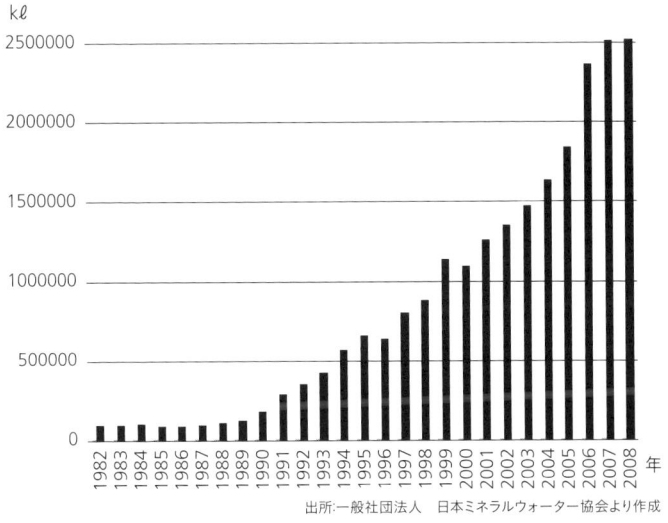

出所:一般社団法人　日本ミネラルウォーター協会より作成

---

1) 「シェア」とは、「市場占有率」ともいい、ある特定分野の売上（または、販売数、生産量など）全体の中で、ある企業の商品やサービスがどれくらいの割合を占めているかを示す比率のことをいいます。

商品を開発して消費者にアピールすれば、国内の販売はまだまだ伸びるのではないかという読みがありました。社内の開発チームは、新しい商品を開発し、他社の商品を逆転するというミッションを託されたのです。

3. 開発のスタート

　新しいミネラルウォーターを開発するにあたっては、まずはどのような味の水にするのかを考えなければなりません。2008年5月からスタートした開発チームは、輸入水に人気が集まる中で、日本人の口に合う美味しい水を追求することにしました。輸入水として世界的に有名なフランスの「エビアン」「ヴィッテル」などは、硬度[2] が300以上もあるのに対して、日本国内のミネラルウォーターは採水地によって硬度が異なるものの、一般的には50以下の超軟水です。開発チームは、「輸入水などの硬水は日本人にとっては少し飲みにくく感じられることがある。日本人には超軟水のミネラルウォーターが美味しく感じられる。」と考えたのです。

　当時、国内のライバル企業の商品では、「六甲のおいしい水」（ハウス食品）、「富士山のバナジウム天然水」（アサヒ飲料）など、名水の採水地をそのまま商品名にして消費者にアピールする方法がすでにとられ、人気上位に入っていました。なぜな

---

[2] 「硬度」とは、水1,000ml中に溶けているカルシウムとマグネシウムの量を表わした数値のことです。WHO（世界保健機関）の基準では、硬度が120mg/l以下を「軟水」、120mg/l以上を「硬水」といいます（evianホームページより http://www.evian.co.jp/water/type/04/）。

ら、消費者の意識調査などで重視されていたのは圧倒的に「採水地」であったからです。また、採水地を前面に押し出さない場合は、未来をイメージさせるような横文字のネーミングにするのが一般的となっていました。

　そこで開発チームは、採水地をアピールする方法にはこだわらず、日本の名水地から「北海道、山梨県白州、静岡県富士山麓、富山県砺波、鳥取県大山」という5つの採水地を厳選しました。そして、各採水地からそれぞれの近い消費地へと供給することとしました[3]。採水地が1か所ではなく全国5か所に散らばっていることで、各地に安定して供給できるとともに、その地域の人たちの口に慣れ親しんだ味の水を提供できると考えたのです。

　一方、水が美味しいことは絶対に不可欠ですが、水の美味しさは違いが明確に分かるものではないため、消費者に明確に特徴が伝わりません。実際、調査を進めると、自社商品「アクアセラピー　ミナクア」に対する消費者の評価は他社と比べると低いことが分かってきました。開発チームとしては「アクアセラピー　ミナクア」の味には自信がありました。消費者調査において、商品名を隠して飲んでもらうと消費者からの評価は良かったのです。しかし、商品名を明らかにすると他社商品に対する評価が勝ってしまいました。

　そこで開発チームは、今までになかった商品の特徴づけを生み出さなければならないと考えました。そのような中、社内の

3）　例えば、首都圏には、主に、山梨県白州と静岡県富士山麓で採れた水が供給されています。

技術部から国内最軽量のペットボトルが実現できたという話が開発チームに持ち込まれました。日本コカ・コーラでは、1982年からペットボトルの軽量化にとりくみ、1996年からミネラルウォーターのペットボトルの軽量化にも取り組んでいました。そして、使用するPET樹脂の量を従来のものに比べて40％削減した、国内最軽量の12g（500ml）のペットボトルの開発を達成していたのです。技術部が開発した国内最軽量の500mlのペットボトルを見た開発チームは、水の中身だけでなくペットボトルの特徴によって消費者に新しい商品を強く印象づけられると考えました。そして、日本国内のミネラルウォーターの美味しさを伝えることと、ペットボトルの軽量化を組み合わせることで、新しい商品の特徴づけを創り出すこととしたのです。

　一方、社内のCSR[4]チームからは、「環境」というキーワードを商品の特徴づけに活かすことが提案されていました。開発をはじめた2007～2008年は、消費者の環境に対する意識が少しずつ変わってきた時期でした。それまでは「環境問題」というと生真面目なイメージがありましたが、女性誌で有名ブランドのエコバッグが紹介されたり、ミュージシャンが環境保全のためのライブを行ったりするなど、環境へのとりくみには「オシャレ」「ファッション」という新しい流れが生まれ始めていました。「環境」が「エコ」と呼ばれるようになったのもこの頃です。そこで開発チームは、超軽量ペットボトルを使うこ

---

4)　CSRとは、Corporate Social Responsibilityの略で、日本語では一般的に「企業の社会的責任」といいます。これは、企業が雇用、人権、法令遵守、環境対策などについて、株主や従業員、消費者、地域社会に対して責任を負うことです。

とで、「水」と「環境・エコ」というキーワードをつなげ、これまでにはなかった新しいミネラルウォーターの商品開発を行っていくという方向性を見出していきました。

4. 商品の特徴

開発チームは、「水」と「環境・エコ」というキーワードで新しいミネラルウォーター商品を開発するにあたり、「この水を選ぶとエコになる」ということを消費者に提案し、それを消費者が新商品を購入する動機とする戦略を立てました。

ミネラルウォーター分野で最も売れているタイプは500mlペットボトルです。また、その購入の半数近くを20～30代の男女が占めていました。そのため、開発チームは20～30代の男女をメインのターゲットとし、500mlペットボトルを中心に開発を進めていきました。

この新商品を開発するうえで使用された超軽量ペットボトルは重要な役割を果たしました。飲料業界では、1996年に500mlペットボトルが実用化され、当時の重量は32gでした。それが、1998年には20.5gまで軽量化されたものの、それ以降大幅な軽量化が図られることはありませんでした。当時、国内最軽量は、大塚製薬のポカリスエットのペットボトルで18gでした。その中で、日本コカ・コーラは、重量12gという当時圧倒的な軽量化を達成したのです。このようにペットボトルの軽量化が実現すると、ペットボトルの原料となる石油の使用量、工場の製造段階で排出される二酸化炭素、工場から販売場所までの輸送費用などを削減することが可能となります。

また、この超軽量ペットボトルには、飲み終わった後に「しぼれる」という重要な特徴が付加されました。従来のペットボトルは、そもそも中身を守る重要な役割があったため、つぶしにくく、押しつぶしても元の形状に戻ろうとするものでした。それに対して新しい超軽量ペットボトルは、極限まで薄くしたことで子供の力でも簡単にしぼれ、しぼった後も元の形状に戻ろうとしないものとなりました。当時の日本では、家庭、仕事、外出先などにおいてペットボトルが日常生活に浸透する一方で、飲み終わった後のペットボトルは大量のゴミとなっていました。そして、ペットボトル容器はかさばるため、リサイクルのために分別してゴミ出しする作業は大きな負担となっていました。開発チームは、この超軽量ペットボトルだと飲み終わった後に簡単にしぼってつぶせるため、ゴミを減らすことができ、毎日のゴミ捨て作業の負担を減らしてくれると考えました。また、外出先で飲み終わった後もペットボトルをしぼれば持ち帰りやすくなると考えました。

　一方、飲料のペットボトルとしての必要な強度は確保しなければなりません。商品を補完する際には、段ボール箱に詰め、その段ボールを何個も上に積み上げます。そのため、箱に入っているとはいえ、ペットボトルにも上から強い圧力がかかります。また、生産する工場でも、ペットボトルが仕切り板や他のペットボトルとぶつかりながら製造ラインを流れていきます。さらに、自動販売機で販売するときには、ペットボトルを横に倒して積み上げるため、横からの圧力がかかります。そこで、このペットボトルには、胴体部分を５角形の断面を交互に組み合わせたり上部に縦方向の柱を入れたりして強度を高めると

ともに、くびれを横方向に入れてバネのようにして外からかかる圧力を吸収するなど、様々な工夫が施されました。また、ラベルのサイズを小さくして樹脂の使用量を65%減らすとともに、蒸気を使ってペットボトルに密着させる方式から、ペットボトルの胴体に巻く方式に変えて、リサイクルの際に剥がしやすくしました。さらには、キャップに細かい切れ目を入れるなど、極限まで軽くすることを目指しました。

5. 商品のネーミングとパッケージデザイン

　以上のように、新商品のペットボトルの特徴が決まりました。
　販売の前年2008年の10月、日本コカ・コーラでは、販売を手掛ける全国のボトラー[5] 各社を呼んで新商品発表会を行いました。しかし、開発チームは従来のミネラルウォーターの常識や世界観からなかなか抜け出せず、新商品のネーミングやパッケージデザインを決めることができずにいました。そのため、新商品発表会のステージで発表者が掲げたものは、無地のペットボトルのみで、会場のボトラーからは疑う視線が集まりました。しかし、ステージ上で発表者がペットボトルを手でしぼって見せると、会場からは「オーッ！！」と歓声があがりました。これによって開発チームは、エコを目に見えるアクションに落とし込むことに成功したと、自信をもてるようになったといいます。

---

[5] 「ボトラー」とは、飲料水を容器（ボトル）に詰め、製品として出荷する企業のことをいいます。

商品のネーミングをつくる際には、社内外で会議を重ねましたが、非常に難航し、候補は200にも達していました。その中で、商品名に「いろはにほへと」の「いろは」を使いたいということが候補に挙がっていました。「いろは」は日本古来の仮名文字で、物事の基本を意味するため、開発メンバーの間でも悪くないと意見が一致していました。しかし、そこからなかなか前に進まず、12月の時点でも商品名は決まらずにいたのです。そこで、クリスマスの日に、開発チームのメンバーの家にワインやつまみを持ち寄り話し合いを行うこととなりました。その中で、ちょっと席を離れていたメンバーが「すーっ」といいながら話し合いの場に戻ってきた際に、ふと、既に候補となっていた「いろは」に「すーっとする」を足して「いろはす」はどうかということになりました。

　物事の基本を示す「いろは」は「すべてがここに始まる」というこれまでなかった新しいミネラルウォーター商品に相応しいし、健康と持続的な環境を志向するライフスタイルを示す「ロハス（LOHAS：Lifestyle Of Health And Sustainability）」も込めることとしました。「いろは」と「ロハス」が組み合わさった「い・ろ・は・す」という商品名はこうして誕生したのです。「い・ろ・は・す」はアルファベットで「ILOHAS」とも表記され、I do LOHAS という意味も込められることとなりました。中黒（・）には、消費者に立ち止まって環境について考えて欲しいという意味が込められました。

　ところが、このネーミングは社内では評判が良くありませんでした。営業担当などからは、「い・ろ・は・す」が消費者から水だと認識してもらえるのか、商品名に水の採水地を記載し

なくて売れるのか、という懸念が出たのです。国内のミネラル
ウォーターの多くは、採水地名や内容成分からネーミングされ
ていて、それが売れている商品の常識でした。これに対して開
発チームは、平仮名だけのネーミングはミネラルウォーターで
唯一であり、子供やお年寄りに分かりやすく、国産の水をア
ピールするうえでも有効であることや、これまでのミネラル
ウォーターにはなかった「環境・エコ」というキーワードを新
しく前面に押し出すのだから、これぐらいのインパクトがある
方が良いと主張し、ネーミングに対する消費者からの評価を確
認する調査もあえて行いませんでした。

　ようやくネーミングが決まったことで、次はパッケージデザ
イン作りに入りました。ラベルのサイズは他の商品よりも面積
が小さく、たくさんの情報は載せにくい。開発チームは「環
境・エコ」を表現する商品としてどのようなパッケージデザイ
ンが相応しいのかを考えました。

　最終的には、緑色と水色が候補に残りましたが、メインカ
ラーは「環境・エコ」をイメージできる緑色に決定されまし
た。ミネラルウォーターのパッケージには青系のラベルが多
く、業界としては水商品＝水色というのが常識でした。そのた
め社内では、緑色は消費者にお茶と間違われないかと不安の声
が挙がりました。それに対して、開発チームは「環境・エコ」
のキーワードを考えると緑色がイメージと合っているし、環境
にやさしいということをアピールするためにあえて緑色にした
と説明しましたが、なかなか社内で売れるという確信をもって
もらえませんでした。しかし、消費者調査をしたところ、商品
特徴に関する考え方を説明すると緑色の反応が良く、「さわや

写真1 「い・ろ・は・す」のペットボトル（筆者撮影）

かで好印象」などと好意的な結果が得られました。開発チーム
はこれらの調査結果などを説明し続けることで、社内を説得し
ていきました（写真1）。

6. 広告・宣伝

　商品を売り出すにあたって行う広告・宣伝も、これまでのミ
ネラルウォーターとは異なる打ち出し方を追求することにしま
した。一般的に、ミネラルウォーターのテレビCMでは、若
い女性タレントが起用された癒し系のものが定番でした。それ
に対して「い・ろ・は・す」では、他の商品と似たようなやり
方をしても同じような評価しか得られないという考えから、タ
レントは阿部寛、音楽にはサンボマスターの曲を起用し、ロッ
クな世界観で動的なイメージを表現することとしました。
　テレビCMの製作では、「美味しさ」と「環境・エコ」の両

方をアピールすることが目指され、①国産の水を選ぶ、②美味しく飲む、③しぼる、という3つのステップで表現されました。とりわけ、ペットボトルの特徴を積極的にアピールするために、「購入して、飲んで、しぼる」という一連の流れを分かりやすく表現することとしました。また、ペットボトルが薄くて軽い点を強調するとともに、ペットボトルをしぼった後の形状を大きく掲載することで、商品の特徴を強く印象づけました。その他、駅の自動販売機にはしぼった後のペットボトルを設置するなど、徹底的に「しぼりやすさ」をアピールしていったのです。

7. 成果

　以上のようにして2009年5月に発売された「い・ろ・は・す」は、発売後97日間で1億本を販売し、製品の特徴で差別化が難しいといわれてきたミネラルウォーター分野において、デビュー1年目にして瞬く間に小型ミネラルウォーターの国内トップシェアを獲得しました。発売から約半年後には累計販売本数が2億本、約1年後には3億本、1年半後には8億本、2年半後には12億本を突破、約3年半で20億本を販売する大ヒット商品となり、輸入水の高いシェアを崩し、トップに君臨する商品へと成長しました。他の商品への買い替えが少ないといわれるミネラルウォーター分野における「い・ろ・は・す」の成果は快挙といえるでしょう。2015年には、累計販売本数45億本を突破し、600ml以下のミネラルウォーター分野におけるシェアは約40%を占めるに至りました。

開発チームは、メインのターゲットとしては 20 〜 30 代の男女を想定して「い・ろ・は・す」を開発しました。発売当初は、20 代の女性の間で人気となり、やがて 20 〜 30 代前半の男女に広がっていきました。しかし、実際にはこれらの消費者層だけでなく、子供の環境教育に役立つという理由で 40 代主婦層にも支持されました。また、意外なところでは、山登りやハイキングなどのレジャーを楽しむ消費者にも、飲んだ後にしぼって小さくなるために持ち帰りが便利という理由で好評を得ました。現在は、20 代後半を中心に、あらゆる世代に好まれる商品となっています。

8.その後の展開

　日本コカ・コーラは、2010 年から樹脂素材に最大 30％の植物原料を使ったペットボトル（プラントボトル）を「い・ろ・は・す」に導入し、石油系資源使用量をさらに減らしました。日本コカ・コーラの試算によれば、販売本数が 13 億本の場合（2011 年 11 月時点）、原油使用量の削減効果は 2 万 4,000kl となります。これは 1 ℓ あたりの走行燃費が 10km の自動車の場合、地球 1,240 周分のガソリンを削減することに相当するといいます。こうして「い・ろ・は・す」は、「環境・エコ」を押し出したミネラルウォーターとしての特徴を追求し続けているのです。

　さらに日本コカ・コーラは、日常で飲用習慣のない消費者にもミネラルウォーターの美味しさをアピールするために、2010 年 7 月から「い・ろ・は・す みかん」、さらには「い・ろ・

は・す りんご」を発売しました。一般的に、フレーバーウォーターと言えばレモン味が多いですが、「い・ろ・は・す」では日本人に馴染みのある国産果物で国内生産量の多いみかんとりんごで展開し、商品ラベルには「愛媛県産温州みかん」「長野県産ふじりんご」という果実の生産地を明記して地域色を打ち出しました。この「い・ろ・は・す」のフレーバーウォーターによって、フレーバーウォーター分野の売上は 3.5 倍に広がり、長くフレーバーウォーターが定着しなかった日本でも定着する原動力となりました。

　日本コカ・コーラは、その後もフレーバーウォーターの商品種類を拡大させ、「い・ろ・は・す 白桃」「い・ろ・は・す たっぷりれもん」「い・ろ・は・す あまおう」「い・ろ・は・す マンゴー」など、さまざまな特色ある商品を出し、存在感を示し続けています。

9.「い・ろ・は・す」の成功を 　　経営学の観点から考えてみよう

　これまで、「い・ろ・は・す」の商品開発ストーリーをみてきましたが、この「い・ろ・は・す」の成功事例は私たちに様々な示唆やヒントを与えてくれます。ここでは、経営学の観点から、「い・ろ・は・す」が成功したポイントを考えてみましょう。

■ 戦略の基本は「独自の活動」を選ぶこと

　ハーバード・ビジネススクールのマイケル・E・ポーター教

授は、企業の戦略の基本とは「自社を他社とは違ったものにすること」だとしています。それは具体的には、ライバル企業とは違う活動を選択して行うことだといえます。つまり、企業は長く持続できる何らかの違いを築かなければ、ライバル企業に業績で勝つことができなくなるというわけです。とりわけ、自社がライバル企業に遅れをとっている場合には、リードしている企業と同じようなことをしても勝ち目はほとんどないでしょう。

　飲料市場では毎年約 1,000 もの新商品が発売され、そのうち生き残るのはたったの 2 〜 3 商品で、その次の年まで生き残る商品はさらに少ないといわれています。しかも、ミネラルウォーターは味の違いが分かりにくく、特徴づけを生み出しにくい商品です。そのような中で、「い・ろ・は・す」では、従来商品のように採水地や内容成分で商品の特徴づけを行うのではなく、超軽量のペットボトルを活かして、「環境・エコ」を商品の特徴として打ち出すことで、ライバル企業の商品との明確な違いを生み出しました。

　このように、日本コカ・コーラは「い・ろ・は・す」の発売において、既成概念や業界の常識を打ち破る戦い方で挑み、それが消費者に受け入れられることで大ヒットを記録し、ミネラルウォーター分野のトップの座を獲得することに成功しました。もし、「い・ろ・は・す」が従来商品の常識の延長線上で開発されたとしたら、ここまでの大きな成功を収めることができたでしょうか。ライバル企業とは明確に異なる戦略で挑んだからこそ、「い・ろ・は・す」の特徴が際立ち、有効な差別化を図ることに成功したといえるでしょう。

■ 戦略立案における外部環境と内部環境との適合

戦略の基本とは「独自の活動」を選んで行うことだということが分かりましたが、では、このような戦略を立てる際にはどのようなことに注意する必要があるでしょうか。注意しなければならないことの1つに、企業の外部環境（消費者やライバル企業、社会の動向など）と内部環境（企業内部の組織体制、能力、資源などの状況）を的確に把握して、それらに合った戦略を立てるということがあります。なぜなら、外部環境に合わない戦略では、消費者に受け入れられたり、ライバルよりも有利な戦い方をすることが難しくなるからです。また、どんなに素晴らしい戦略を立てたとしても、企業内部にその戦略を実行する能力や十分な資源がなければ「絵に描いた餅」となってしまうからです。

「い・ろ・は・す」の開発では、ミネラルウォーター分野の動向、ライバル企業の商品の特徴を踏まえるとともに、当時の世の中の環境に対する意識の変化をチャンスととらえるなど、外部環境を的確に踏まえた戦略がとられました。また、「環境・エコ」を押し出した商品開発戦略を実行するうえでは、技術部が開発した業界最軽量となる超軽量ペットボトルが重要な裏付けとなりました。このように「い・ろ・は・す」の事例からは、企業の戦略は、企業の外部と内部の環境との関わり合いの中で適切に立案されることが重要であることが示唆されます。

■ 商品価値と商品コンセプト

企業が商品開発を行ううえで必ず考えなければならないことに、「商品価値」と「商品コンセプト」というものがあります。

「商品価値」とは、商品を通じて顧客が受け取る何らかの利益や顧客が感じる便益のことをいいます。簡単にいえば、商品価値とは顧客にとっての何らかの「よいコト」ということができるでしょう。あなたがお金を払って商品を買うのは、商品から得られる利益・便益を期待するためではないでしょうか。そのため企業にとっては、開発した商品を通じてどのような価値を顧客に届けるのかをよく考える必要があります。そして、前述の商品開発戦略の観点からいえば、ライバル企業の商品とは異なり、そして優位な価値を創り出すことが有効だといえるでしょう。

　次に「商品コンセプト」とは、商品を通じて顧客に提供する価値を言葉に表したものをいいます。いいかえれば、商品コンセプトとは、この商品はどのようなものか、誰が使うのか、メリットは何かなどを消費者の言葉でいい表したもので（JMR生活総合研究所「J-marketing.net」）、商品開発を行ううえで基本構想となるものです。「い・ろ・は・す」のコンセプトは、「（ボトルをしぼってつぶしやすいので）リサイクルしやすくエコな日本の美味しい水」といったところでしょうか。この商品コンセプトには、大きくわけて2つの役割があります。1つ目は、ターゲットとする顧客と商品の特徴を結びつけ、競合商品との差を明らかにする役割です。つまり、商品コンセプトは、この商品がどのような顧客にどのような価値を与えるものなのか、それは競合商品と比べて優位性の高いものなのかを明確にするものといえます。2つ目は、商品開発活動を統合する役割です。商品開発プロセスでは、商品コンセプトが決まったら、それに合わせて具体的な商品の構造やデザインを作り込んでいったり、広

告・宣伝方法、販売場所・方法（流通）、価格などを決定していきます。これらの各要素がバラバラでは、商品としてのまとまりがなくなり、商品を買った顧客の満足度も低くなってしまうかもしれません。また、商品コンセプトが明確にあることで、商品開発に関わる各メンバーが同じ方向を意識しながら仕事をすることができ、開発の効率や組織のまとまりもよくなります。

「い・ろ・は・す」の事例においても、明確な商品コンセプトのもと、水の味、ペットボトルの形状、ネーミング、パッケージデザイン、広告・宣伝などの各要素が一貫して決められていくことで、全体としてまとまりのよい商品となりました。また、開発チームは、業界の常識を打ち破る挑戦的な商品開発において、この商品コンセプトを拠り所として数々の苦難を乗り越えていった様子が見受けられます。

■ 企業活動の目的とは

最後に、「い・ろ・は・す」の事例から、「企業活動の目的とは何か」という少し大きなテーマを考えてみましょう。結論からいうと、企業活動の目的とは「顧客に提供する価値を創造すること」です。これを読んだ多くの人は、「利益を生み出すこと、利益を最大化することではないのか」と思われるかもしれません。もちろん、それもとても大事なことです。しかしながら、経営学には「利益は顧客が認める価値を創造した対価として、顧客が支払うものの結果として得るもの」ととらえる考え方もあります。つまり、利益はあくまで顧客に価値を提供した結果として得られるものだということです。この考え方にもとづけば、企業にとって重要なのは「自社が顧客に対して提供す

る価値とは何か」を常に意識して、そのために企業活動を行うこととなります。また利益は、企業が価値を創造するための活動を行ううえでの重要な「手段」であるともいわれています。つまり、企業は利益を継続して生み出さないと、価値を創造するための活動を行えなくなるのです。そう考えると、顧客に認められる価値を創造し、その結果として利益を獲得し、その利益をもとに次の価値を創造する活動を行っていくという循環を繰り返すことで、企業は成長し、社会も人々も豊かになっていくといえるでしょう。

「い・ろ・は・す」では、「美味しい」という価値だけでなく、「環境に良い」「ゴミ捨ての負担を減らす」という新しい価値を創造し、それを顧客が価値として認めることで商品がヒットしました。日本コカ・コーラは「い・ろ・は・す」を生み出した対価として利益を獲得し、得られた利益を使って次の商品を開発することで新しい価値を生み出し続けているのです。

10. おわりに

この事例では、開発チームが商品のネーミングに苦労したり、社内からなかなか価値を認めてもらえないなど、様々な葛藤や苦悩を経て「い・ろ・は・す」を形にしていったところも特筆すべきところです。「い・ろ・は・す」の事例からは、一見華やかに見える企業の商品開発の現場では、社内外の様々なことを調整しつつ、売れるかどうかの不安に駆られながら前に進めていく様子をうかがうことができます。このような点は、商品開発の実に難しく大変なところであると同時に、非常に面

白いところでもあるといえるでしょう。

　また、「い・ろ・は・す」がここまでの成功を収めることができた理由は、商品開発に関わる戦略だけでなく、価格がライバル企業の商品よりも 5 ～ 30 円安くお得感があったことや、日本コカ・コーラが業界トップの自動販売機網を全国にもっている流通上のアドバンテージがあったこと、さらには、2011 年3 月に発生した東日本大震災によって国民全体の防災に備える意識が高まったことで、備蓄用としてミネラルウォーターへの需要が高まったことなども挙げることができます。今回は、主に、商品開発戦略にスポットを当てることで「い・ろ・は・す」が成功した要因を考えてきましたが、企業で起こる現象は様々な観点からとらえることができるため、唯一正しい正解があるわけではないのです。

【ブックガイド】

・ 西川英彦・廣田章光編著『1 からの商品企画』（碩学舎、2012 年）

　　実際の企業における商品開発事例を通して、商品開発がどのようなプロセスで行われているのかを学べる本です。また、商品開発を行ううえで、理論や手法がどのように役立つのかも学ぶことができます。

・ 加護野忠男・吉村典久編著『1 からの経営学』（碩学舎、2012 年）

　　本のタイトルの通り、「文字通り」経営学に関する知識を 1 から学べる本です。様々な企業の実例をもとに経営学に関わる理論を紹介するとともに、経営学を学ぶ意義も考えさせてくれる 1 冊です。

【研究課題】

❶ 「い・ろ・は・す」の事例のように、商品の新しい特徴づけを行うことで競合商品に挑む戦略には、具体的にどのような利点があり、反対にどのような危険（リスク）が想定されるでしょうか。

❷ ミネラルウォーター以外の飲料水、または、飲料水以外の商品において、後発ながら新しい特徴づけを行うことでヒットした商品にはどのようなものがあるでしょうか？　調べてみましょう。

❸ 「い・ろ・は・す」が発売されるまでミネラルウォーター市場で高いシェアをもっていたライバル企業は、突如現れた「い・ろ・は・す」という強力なライバル商品に対して、どのように対応すれば良いでしょうか？　自分なりに対応策を考えてみましょう。

筆者のひとりごと

　近年、日本では全体的にモノに関わる市場は成熟し、従来のような商品の品質、機能、価格などで根本的な差別化を図ることが難しくなってきています。ある大手菓子メーカーでは、年間 1,000 種もの新商品を投入するものの、そのうちロングセラーとなって生き残るのは 2 ～ 3 種だと言います。商品が売られているお店の棚を注意深く見てみると、菓子類や飲料などの食品に限らず、家電などにおいても、店頭に並ぶ商品がめまぐるしく入れ替わっていることに気づきます。モノが溢れた現代は、企業が商品を売りにくい時代なのです。

　一方、このように商品を売りにくい時代にあっても、ヒットしている商品があります。例えば、サイクロン方式という新しい技術で高い吸引力を持続するダイソンの「サイクロン掃除機」、自動で室内のゴミや誇りを吸ってくれる iRobot の掃除ロボット「ルンバ」、日本人の米離れが進む

中、徹底して美味しいお米の炊き上がりを実現した三菱電機の高級炊飯器「本炭釜」、ガム市場が低迷・縮小する中でガム離れが進む若者に向けて売ることで大ヒットしたロッテの「Fit's」などです。これらの商品に共通するのは、何らかの新しい「価値」を顧客に提供することで、これまでなかった商品のジャンルを築いたり、新しい顧客を切り開いたということです。

　社会や市場が成熟した現代、企業の商品開発の現場では、従来のように商品の機能や品質を高めたり、より安く作ったりするだけでなく、新しい商品コンセプトで、新しい価値を提供するような新商品の開発が求められているのです。

第2章　消費者の選択と 企業のマーケティング

1. マーケティングとは何か

　マーケティングとは、企業が顧客とつながり、売上を得ていくために行う活動のことです。どんな顧客を狙って、どんな製品を作るのか。そして、製品をいくらで、どこで売り、どのように宣伝するのかを考えるのがマーケティングの基本的な役割です。

　企業は人・物・金などの経営資源を集めて製品やサービスを作り、顧客に売って売上を得ます。売上からかかった費用を引いた残額が企業の利益になるわけですから、そもそも売上が立たないと利益も出てきません。そして企業の売上は、企業がどれだけのお客さんをもっているかに依存しています。

　顧客、つまりお客さんにもいろいろなタイプがあります。一番分かりやすいのは私達のような消費者でしょう。でも、企業の顧客は消費者だけではありません。教科書出版社や事務機器の会社は、皆さんが通っている学校をお客さんにしています。また、自動車は2万点もの部品を使って作られるので、トヨタ自動車や日産自動車などの自動車メーカーがいくら大企業だからと言っても、すべての部品を自分で作るなどとてもできません。そこで、自動車メーカーを顧客とする自動車部品のメーカーがたくさんあるのです。

企業が上手にマーケティングを行うためには、顧客が何を求めているのかを知ることが欠かせません。いくら企業が頑張って企業にとって素晴らしいと思える製品を作っても、評価するのはお客さんだからです。したがって、企業は顧客が一体何を欲しがっているのか、つまり彼らのニーズを知る必要があるのです。

2. 顧客のニーズとは?

　企業のマーケティング戦略は、顧客のニーズを見極めるところからはじまります。ニーズとは、顧客が解決したがっている問題のことです。お腹が空いたら何か食べて空腹を満たしたいということもニーズではあります。でも、今の世の中、お腹がふくれさえすれば何でもいいというわけにはいかないでしょう。学校帰りにカフェやファストフード店に寄り道するのは、そこで出てくる食べ物や飲み物が本当にほしいわけではなくて、仲のいい友達と気兼ねなく話ができる空間がほしいということが本当のニーズなのだと思います。具体的に提供される製品やサービスが、顧客が本当にもとめているものだとは限りません。ですから、お客さんが一体何を求めているのか、具体的に見通す必要があるのです。

　顧客のニーズは、目に見える程度に応じて3つの階層に分かれています[1]。一番見えやすいのが「明言されるニーズ」

---

1)　恩蔵直人『コモディティ化市場のマーケティング論理』（有斐閣、2007年）p.115。

で、これは顧客が自分の言葉で語ることができるニーズのことです。その次が「真のニーズ」で、これは顧客がそれについて直接語らないけれども、彼らの言葉から、企業が推測できるニーズのことです。最後に、まったく観察できないのが「学習されるニーズ」です。これは顧客は語ることができないけども、次第に学習していくニーズのことです。

　第1の明言されるニーズは企業にとって理解しやすいものです。でも、それはライバル企業にとっても同じことです。そうなると、どの企業も同じようなポイントをアピールして製品を作ることになってしまって、製品は改善されているのに、お客さんの目から見たら違いが分からない製品ができてしまいます。例えば、パソコンはそういう傾向が強い製品です。圧倒的な使いやすさを誇るアップルのマッキントッシュとか、軽くて丈夫という評判を確立したパナソニックのレッツノートなどは別かもしれませんが、それ以外のパソコンの違いはもはやよく分かりません。ライバルの製品との違いがないなら、値段で勝負するしかなくなるので、売上が下がり、ひいては利益も吹っ飛んでいきます。明言されるニーズは見えやすいのですが、そればかり追いかけてしまうと、企業にとって危険なのです。

　第2の真のニーズを見つけるのがうまい企業として、セブンイレブンがあります。セブンイレブン1店舗当たりの1日の売上は70万円近くあるのですが、この数字はローソンやファミリーマートよりも10万円以上高いのです。セブンイレブンだけが高額商品を売っているわけでも、特殊な立地にあるわけでもないですから、このような売上の違いが出てくるのは考えてみれば不思議なことです。実はその理由は、セブンイレ

ブンのお店では、仮説検証型の発注を行っていることにあります。お店の立地は1軒1軒違うので、お客さんのニーズも様々です。オフィス街と住宅街では、客層が違うので売れるものも違うでしょう。ですから、発注する商品を変えていかないといけない。でも、お客さんは何が欲しいとは直接には教えてくれないので、店主は「こんな商品が売れるのではないか」と仮説をたてて、仕入れた商品が売れるかどうかをチェックし、その仮説があたっているかどうかをデータと突き合わせて検証していくのです。この地味な作業を繰り返していくことで、お店の売り場の品揃えは地域の真のニーズを組み込んだ独特のものに変化していくのです。

第3の学習されるニーズの例として、キーエンスという会社を挙げてみましょう。この会社は工場で使うセンサーなどを作っています。たぶん、関係者以外の高校生は誰も知らないでしょうし、そんなマニアックなものを作っている会社なんてまったく興味ないと思うかもしれません。でも、この会社は日本で一番給料が高い会社として知られているのです！　キーエンスのマーケティングの鍵は、営業マンがお客さんの工場が抱えている問題を見つけ出して、開発部門がその問題を明確に解決できる製品を開発し、さらに営業マンが説明書を読むだけでは分からないような微妙な使い方までお客さんに説明できることにあります[2]。工場をもっているメーカーは、センサーそのものがほしいわけではなくて、センサーによって生産ラインが

<hr>

[2]　延岡健太郎『価値づくり経営の論理—日本製造業の生きる道』（日本経済新聞社、2011年）。

不具合なく動いていくこと、すなわち生産ラインの安定性をほしがっています。だから、生産ラインの信頼性を高めてくれるキーエンスの製品を高く買ってくれて、その結果、キーエンスはものすごく儲かっているのです3)。

　もう1つ、学習されるニーズの例として、ライザップを挙げておきましょう。「結果にコミットする」というインパクトのあるCMで、ダイエット市場で元気のいい会社です。でも、ライザップはスポーツジムサービスを中心に売っているわけではありません。ダイエットが失敗する理由はやり方の問題ではなくて、ついついサボってしまうという心の問題にあります。始めた時は威勢がよくても、ついついサボってしまって気がついた時にはジムにもう何か月も行っていない、という人はたくさんいるのです。そこでライザップは三日坊主にならないように徹底したコーチングを行い、自分を変える努力をサポートするサービスを売っているのです。ライザップの料金は2か月で34万8千円（！）とかなり高額です。単なるスポーツジムにこれだけの料金を払うなんて普通なら考えられませんが、自分の弱い心を支えてくれるサービスに対してはそれだけのお金を出しても良いと考える人が多くいるのです。そしてビフォー・アフターを強調した独特のCMが、ライザップの成果のエビデンスを支えています。まさに、最初見た時には意味が分からないけれども、だんだんと学習していくことで形作ら

---

3)　平成28年のキーエンスの売上高営業利益率（本業から得られる利益が売上高に占める比率）は53％もあります。一方、法人企業統計によると同じ年度の日本の製造業の平均は4.4％です。キーエンスがいかに儲かっているのかが分かります。

れるという意味で、学習されるニーズを満たしている企業でしょう。ライザップはダイエットだけでなく、英会話やゴルフレッスンなど、サボってしまってなかなか上達しないような領域を「三日坊主」市場と名付けています。彼らが人の心を支えるサービスを売っているということが実にうまく表現されたコンセプトだと思います[4]。

3. どのスマホ?

　ここまで見てきたように、企業がマーケティングを上手に行うためには、お客さんが何を欲しがっているのかを理解する必要があります。このことをお客さんの側から考えてみると、私たち消費者が何を考えて製品を選んでいるのかという問題になります。消費者にとって、同じ顧客ニーズを満たす製品は複数あるのが普通です。そうなると、自分にとってもっともフィットする製品を1つ選ぶ必要が出てきます。このことをスマホを例にして考えてみましょう。

　今、大変運の悪いことに、皆さんの愛用のスマホが壊れてし

[4]　100年前、自動車の大量生産にはじめて成功したヘンリー・フォードという人は「馬車しか見たことがない人に何が欲しいかと尋ねても、彼らは自動車とは答えられない。せいぜい早い馬が欲しいというはずだ」という言葉を残しています。一方、伊丹十三という映画監督は、「客が望むものを客が予期せぬ形で提供することが大事なんだ」といっています。いずれも学習されるニーズの本質をうまく説明しています。消費者は具体的に現物を見せられるまでは必要性を感じていないけれども、実際に見てみると「そうそう、こんなのが欲しかった!」と感じるようなものが学習されるニーズなのです。

まったとしましょう（私はジーンズのポケットに入れたまま洗濯してしまったことがあります）。スマホはかなり高い製品ですが、ほとんどの人にとって片時も欠かせないもののはずです。だから、皆さんはすぐに次の製品を買いに行くはずです。スマホは高校生にとって（大人にとっても！）高い買い物ですし、文字通り肌身離さず使うものですから、選ぶとなると相当マジメに考えるはずです。

スマホを作っている代表的な企業（とそのブランド）は、アップル（iPhone）、ソニー（Xperia）、ファーウェイ（P8）、ASUS（ZenFone）、サムスン（Galaxy）などです。スマホは次から次へといろんな新製品が出て来るので、選ぶのは結構大変です。スマホの選択基準としては、OS、キャリア、SIM フリーかどうか、画面サイズ、内蔵メモリ、バッテリー容量、重さ、レスポンス、種類、カスタマイズなどがあります。店舗やウェブサイトをチェックすれば、こうしたスペックの情報は簡単に手に入ります。

さて、皆さんがスマホを選ぶ時に気にする選択基準がこれですべてリストアップされているとしましょう。でも、皆さんはこれらの選択基準のすべてをどれも同じように重視しているわけではないはずです。人によって価値観は違います。ある人はとにかく値段が安い方がいいと思っているかもしれませんし、別の人は操作性がよくサクサク動く方が良いと思っているかもしれません。あるいはカメラの性能が気になる人もいるでしょう。

仮に皆さんが、スマホを選ぶ時にはサクサク動く操作性が大事だと考えているとしましょう。すると、操作性に優れていて

レスポンスが早いのはハードとソフトを同じ会社が作っている iPhone ですから、iPhone を選ぶでしょう。一方、SNS にフォトジェニックな写真をアップして楽しみたいからカメラの性能が大事だという人もいるでしょう。そういう人は、F 値の低いレンズを使っているサムスンの Galaxy を選ぶと思われます。

マーケティングでは、買い物について消費者がどれだけこだわっているかを、購買関与（involvement）といいいます。こだわりが強い場合は購買関与が高いといい、弱い場合は購買関与が低いといいます。先ほどの説明は、1 人ひとりがとてもこだわってスマホを選んでいると考えていたので、実は購買関与が高いケースに該当します。でも、みんながそこまで本気になってスマホについて勉強して情報収集するわけでもありません。スマホへの購買関与が低い人は、周りの友達が使っている機種にあわせたり、お店で勧められた機種にしたり、買う直前に店員さんやウェブサイト上で値引きを知らされて買うつもりがなかった機種を選んでしまったりするでしょう。購買関与が高いか低いかもまた人の特性なのです。

4. 消費者の選択

具体的な例を抽象的に考えると、議論の応用範囲が一気に広がります。そこで、先ほどのスマホの選択の例をもう少し抽象的に説明してみましょう。消費者から見た時に、同じ機能を果たす製品の集まりを製品カテゴリーと呼びます。スマホという製品カテゴリーに、iPhoneX とか XperiaZ3 などの個々の製品が含まれているわけです。でも、同じ製品カテゴリーに含まれる

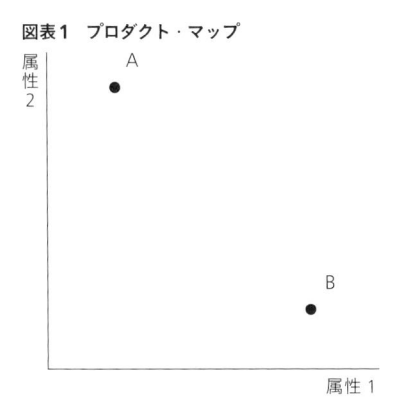

図表1　プロダクト・マップ

製品といっても、まったく同じわけではありません。微妙に製品差別化がなされているからです。

　図表1は、消費者が頭の中にもっている製品の相対的なイメージを図式化したもので、プロダクト・マップと呼ばれるものです。同じ製品カテゴリーに含まれている製品は、同じ基準をもっています。その基準のことを製品属性と呼びます。ここでは、製品属性の水準が高いほど、消費者にとって好ましいと考えましょう。例えば、バッテリー容量は大きい方が誰にだって好ましいですし、レスポンスの速さもそうでしょう。このように誰にとっても高いほうが好ましい属性のことを垂直的属性といいます5)。製品属性の水準を軸にとるとそれぞれの製品の

5)　一方、人によってちょうどいい水準が異なるような属性のことを水平的属性と呼びます。スマホだと画面サイズが水平的属性です。大きい画面がいい人もいるけれど、小さい画面が好きな人もいるからです。でも、ここでは、マップが垂直的属性だけで成り立っていると考えて議論を進めます。

位置は製品属性の水準によって決まります。

　図表1のマップを見ただけで、自分ならこの製品を選ぶと判断できる人もたくさんいるはずです。仮に、消費者1さんがBではなくAを選んだとしましょう。なぜでしょうか。それは1さんが属性2をとても大事な要素だと考えていて、しかもAが属性2に優れているからです。一方、別の消費者2さんがBを選んだとしたら、それは2さんが属性1を属性2よりも大事に考えているからです。このように、消費者が同じカテゴリーの中から製品を選ぶ時には、消費者がそれぞれの製品属性をどの程度大事に思っているのかという価値観が選択の決め手になります。それぞれの属性を大事に思っている程度のことを属性重視度と呼びます。この例で言うと、1さんにとっては、属性1より属性2の属性重視度が高いですし、2さんにとっては逆になるということです。

　消費者の選択は、消費者が頭の中でどのように製品をイメージしているのか、そして消費者はどの属性をどれくらい大事に思っているのかによって決まるのです。

5. 企業のマーケティング戦略

　企業は、消費者の選択行動を前提として、マーケティング戦略を形づくります。企業のマーケティング戦略の基本は、どんな顧客を狙うのかを決めた上で、顧客のニーズにフィットするように、①製品（Product）、②価格（Price）、③流通（Place）、④プロモーション（Promotion）の4つの手段を組み合わせることにあります。このことを手段の組み合わせという意味でマーケ

ティング・ミックスといいます。英語だと4つの頭文字が全てPなので、マーケティングの4P（よんぴー）とも呼ばれます6)。

　製品カテゴリーの中では、複数の企業が製品を作って、お互いに顧客を奪い合って競争しています。マヨネーズだったらキューピーと味の素、自動車だったらトヨタとホンダ、といった具合です。図表1のようなプロダクト・マップを想定して、それぞれのPについて考えてみましょう。

製品　一番分かりやすいのは、製品属性を改良することでしょう。新製品は古い製品より改善されていますよね。すると、マップの中の製品は、右上の方に動くことになります。あるいは、これまでにない機能を追加することもあるでしょう。この場合、新しい属性を追加するわけだから、マップの軸が新しくなります。

価格　品質の高い製品を作るためには、良い材料を使ったり手間暇をかける必要があるので、費用がかかります。したがって、高品質な製品は高く、そうでない製品は安くなるのが基本です。でも、例外はいくらでもあります。たとえ

---

6)　この4Pという言葉は、1960年にマッカーシーという人が提案したものです。流通を英語にするとdistributionとかchannelなのですが、彼は場所を示すplaceという単語を用いました。たぶん、すべての頭文字をPで揃えたほうが語呂がいいからそうしたのだと思います。この人は研究者としての業績はほとんどないのですが、4Pという覚えやすいコンセプトを作ったことで、50年以上経っても忘れられず残っているのです。ネーミングがいかに大事なのかを物語るエピソードです。

ば LINE や Twitter、Instagram などは無料で使えます。彼らはユーザーに広告を見せて、広告費を広告主から得て稼いでいるのです。

流通　流通とは、消費者が製品を入手できるように流通経路を整えることです。ペットボトルの飲料などは、製造業者が作って、流通業者（卸売業者や小売業者）を経由して消費者に届いています。製造業者からすると、流通業者は他人ですから、自分の思うように自社製品を扱ってくれないこともあるので、流通業者に希望通りに動いてもらうために四苦八苦せねばなりません。あるいは、製造業者が流通業者を使わずに、直接販売に乗り出すこともあります。例えば、多くの製造業者が直販サイトをウェブ上に作っています。でも、直販サイトだけでは消費者の目に届きにくいので、アマゾンや楽天などの電子商取引サイトに同時に出店することもあるのです。

プロモーション　プロモーションとは、企業や消費者が行うコミュニケーションです。一番分かりやすいのはやはり広告でしょう。消費者にとっては、知らない製品を選ぶことはそもそもできませんから、まず消費者に製品の存在を知らせて、さらにどんな製品であるかも伝える必要があります。広告は企業が一方的に伝えるものですから、自社製品を悪くいうことはありませんし、信憑性にも問題があります。ウェブサイト上のユーザーレビューは、消費者が残したクチコミの情報であり、第三者のものですから、広告よりも信用できると一般に考えられています[7]。

6. 商品分類とマーケティング・ミックス

　マーケティングの入門コースでは、マーケティングとは、顧客のニーズにフィットするように4つのPを組み合わせてマーケティング・ミックスを作ることだと教えられます。気になるのはその組み合わせ方でしょう。基本は、製品の特徴に応じて、その他の3つの要素を組み合わせることです。

　製品は、消費者の買い物パターンによって最寄品、買回品、専門品の3つに分類できます。第1に最寄品とは、消費者が特にこだわりをもっておらず、買い物に労力をかけないけれど、頻繁に買うような製品のことです。ハミガキとか洗濯洗剤などがあてはまります。第2に買回品とは、消費者が製品カテゴリーにこだわりをもっているので、買う前に色々と比較したり考える製品を指します。テレビ、家具、洋服などが該当します。第3の専門品とは、消費者が特定のブランドが大好きなので、製品の比較をほとんど行わず、必要とあれば遠くまで出かけるような労力をかけるような製品です。ブランド力が強い製品がそれにあたります。新しいiPhoneが出たら他のスマホと一切比べずにiPhoneを買ってしまうような人にとって、スマホは専門品なのです。

---

7)　もちろん、なりすましや悪意といった悪用も数多く行われています。企業からお金をもらっている有名人が、そのことを隠して企業に都合のよいクチコミを書くことをステマ（ステルスマーケティング）といいます。ステマは消費者を騙す行為ですから忌み嫌われていますし、ステマに関わったことがバレた有名人は悲惨な社会的制裁を受けています。気をつけましょう。

この分類法は消費者1人ひとりの好みを反映したものなので、主観的なものです。例えば、特定のブランドにこだわりのない人にとっては、スマホは買回品になります。

　製品分類が異なると、マーケティングのやり方も変わってきます。まず第1に、最寄品の場合、消費者は買い物をする時に買い回りの労力をかけないので、消費者にとって買いやすいように、できるだけ多くのお店に製品を置いてやる必要があります。そして、お店の中で「この製品カテゴリーといえばこのブランドだな」と思い出してもらえるように、キャッチーな広告を行います。価格についてはもともと安いものが多いのですが、必ずしも常に大安売りされているわけでもありません。爪楊枝を買うために5円安いお店までわざわざ行くような人はほとんどいないはず。それよりも、たくさんのお店においてもらうことを目指すほうが大事です。つまり、最寄品はなるべく多くの人に買ってもらえるように、多くのお店に置いて、目につくようにすることがポイントなのです。

　第2に、買回品の特徴は、消費者が少数のブランドを比較して選ぶことです。競合品との違いをアピールすべく、製品に違いを作り出す、すなわち製品差別化を行う必要があります。三菱鉛筆のクルトガというシャープペンシルは、書いているうちに少しずつ芯を回転させる機構をもっています。それによって、これまでのシャープペンシルが抱えていた、線がだんだん太くなったり薄くなったりする問題や、芯の角が引っかかって粉が出るような問題を解決し、常に細い字を書けるようになりました。これは、確かな技術に根ざした明快な製品差別化の例です。買回品の場合、小売店頭やウェブサイト上でライバルと

比較されるので、企業にとってはきちんと説明をしてくれるようなルートで売っていきたいものです。したがって、プロモーションは違いを強調する広告を行うだけでなく、セールスマンによる説明も大事になってきます。購入頻度が低いので価格は高めです。

　第3に、専門品は、その定義からしてすでにコアなファンを抱えています。消費者は他のブランドと比較をしないので、ファンだけを注意深く相手にすればよいのです。流通については、メーカーが小売店を直営することもありますし、流通業者を用いる場合でも店舗数はあまり増やしません。アップルが直営しているアップル・ストアとか、ルイ・ヴィトンなどは、かなり数を絞っています[8]。高級車の中にはまったくテレビ CM をせず、ウェブサイトと DM だけで営業しているブランドも結構あります。1台が2千万円くらいと超高額ですが、何百台も売れるわけではないので、テレビ CM をするとまったく引き合わないのです[9]。

　以上、消費者の買物行動に基づいて製品を3つに分類しただけで、マーケティング・ミックスのあり方はずいぶんと変わってくることが分かったのではないかと思います。

[8]　https://jp.louisvuitton.com/jpn-jp/stores/japan
[9]　ちなみに、テレビ CM をゴールデンタイムに 15 秒流すと、その時間をテレビ局から買うだけで 200 万円くらいになります。

7. おわりに

　売れている製品やサービスには理由があるはずです。たまたまSNSでバズって突発的に売れたとしても、続かなくては単なる一発屋にすぎません。売れ続けているロングセラーブランドや、強大なライバルを打ち負かしたチャレンジャー企業には、偉業を成し遂げたマーケティングの論理があります。皆さんには、その論理を読み解くだけでなく、新たな論理を作る立場になってほしいと思います。

【ブックガイド】

　この3冊は高校生に読みやすいだけでなく、理論と現実のバランスがとれていて、マーケティングの魅力を伝えてくれます。1冊目は分かりやすいだけでなく、戦略論や社会科学の考え方を垣間見ることができます。2冊目は最新の話題が豊富で、実社会でのマーケティングの現状が分かります。3冊目は、ブランドというとらえどころのないものが現代のマーケティングの鍵になっていることを教えてくれます。

・沼上幹『わかりやすいマーケティング戦略（新版）』（有斐閣、2008年）
・恩蔵直人『マーケティングに強くなる』（筑摩書房、2017年）
・石井淳蔵『ブランド―価値の創造』（岩波書店、1999年）

【研究課題】

❶ 同じ製品でも、ある時、狙っている顧客を変えることがあります。ハイチオールCという薬は今では美白の薬ですが、昔は二日酔いの薬でした。このように、製品は同じであっても、昔と今では異なったニーズを解決するようになった製品の例を探してみてください。

❷ CM動画には、企業が製品に込めた思いが詰まっています。例えば、P＆Gのレノアは、防臭できる柔軟剤というそれまでにない新しい製品でした。レノアハピネスのCM動画を検索してみてください。香りが大切な人との距離を縮めるという、その製品がもたらす便益がよく伝わってきます。皆さんが好きな製品のCM動画を検索して、その製品はどんな便益を消費者に与えているのか、考えてみてください。

❸ うまくいっているマーケティング・ミックスは、4つの手段が矛盾なく組み合わされています。長期間使われる耐久財とそうでない非耐久財の2つについて、皆さんが好きな製品を選び、それらのマーケティング・ミックスを比較してみてください。

筆者のひとりごと

　日本は世界の中でも iPhone のシェアが高い国です。世界では Android が74.8％、iOS は20.1％ですが、日本だと Android が32.8％であるのに対して iPhone は66.6％もあります[a]。特に高校生の場合、男子高校生は45.6％、女子高生だと実に69.0％が iPhone を使っています[b]。面白いこと

---

a　データは http://gs.statcounter.com/os-market-share/mobile/ を使いました。

に、特に女子高生は中古でもいいからiPhoneを選ぶ傾向があるそうです^c。なぜ日本の女子高生の間ではiPhoneがこんなにも人気があるのでしょうか？

最初に考えられる仮説は、合理的選択です。1人ひとりの価値観にフィットした製品を選んだらたまたまみんなiPhoneを一番よい製品だと考えたのではないか、と考えられます。でも、中古でもいいとか、古いモデルでもいいと考えている人も結構いるようです。つまり、最高品質であるはずの最新モデルが選ばれていないわけですから、自分の価値観に一番フィットする最高のものを選んでいるわけではどうやらなさそうです。

次の仮説は、補完財が豊富なため、製品の魅力が高まっているというものです。補完財とは、ある製品の魅力を高める別の製品のことです。iPhoneの場合、様々な企業が可愛いケースを豊富に売っていることも女子高生に支持されている理由のようです。スマホはファッション・グッズだと見なされているのでしょう。

社会的要因に注目した仮説もありえます。彼女たちは自分のニーズだけに基づいて製品を選んでいるわけではなく、周りが使っているものを選んでいるという仮説です。いわゆる同調圧力というものですね。高校のクラスのように、皆さんが属している社会の中で「こういうことをすることが望ましい」という規範ができると、そこからの逸脱には勇気がいることになります。ちなみに、大学は学生を四六時中同じクラスに閉じ込めないので、同調圧力は極端に減ります。そうなった時に皆さんは何を選ぶのでしょう？

b　MMD研究所による「2017年11月中高生の通信利用実態調査」より。
　https://mmdlabo.jp/investigation/detail_1681.html

c　https://www.nikkei.com/article/DGXMZO21531320W7A920C1000000/

第3章　大学祭でお店を出そう
──コーヒー屋台を事例とした利益計画の策定

1. はじめに

　大学祭の屋台でコーヒーを売ったら、どれくらい儲かるでしょうか。フランクフルトや唐揚げなどの定番商品の方がたくさん売れそうな気もしますが、コーヒーのような地味な商品で、果たして儲かるのでしょうか。

　定番商品が必ず儲かるとは限りません。そのような商品は、他の屋台も売っているかもしれません（競合の存在）。また、学祭はせいぜい数日程度の期間しかなく、しかもその間、雨が降ったりして来場者が減るかもしれませんので、見込みで先に大量に材料を仕入れておくのは危険です（事業リスクの存在）。また、肉などの生鮮食料品やかさばる材料だと、保管するのも一苦労です。売り上げに応じて、少しずつ仕入れて販売できる商品にすれば、より確実に利益を出すことができるかもしれません。

　誰をターゲットにするかも重要です。若い学生にはフランクフルトや唐揚げの方が人気かもしれませんが、学祭には、親御さんたちもたくさん来ます。そういった人たちであれば、少しくらい高い金額でも買ってくれるかもしれません。

　どの程度の元手（出資金）が必要かも重要です。同じ利益であれば、少ない元手のほうが出資者にとって負担が小さく、優

れた事業（ビジネス）であるといえます。できるだけ在庫をもたず、売ったお金で新たな仕入れをすれば、少ない元手で多くの利益を獲得できるかもしれません（自己資本利益率の向上）。

　今回、読者の皆さんは、店舗の現場で働く従業員としてではなく、店舗のオーナー（所有者）兼経営者という立場から、学祭におけるコーヒー店（屋台）について、何をどれだけ仕入れ、従業員を何人雇い、商品をいくらで販売し、どれだけの利益を出すかといった利益計画について、一緒に考えていきましょう。コーヒー屋台の経営を通じて得られた利益が、皆さんの取り分です。

2. どれくらい売れそう?──売上高予算の作成

　どれくらいの売上がありそうか、見込みを立てて予め計算してみましょう（予算の作成）。売上高の数字をいきなり、かつ、ドンピシャで予測するのは困難ですので、いくつかの要素や数値に分解して考える必要があります。一般的に売上高は以下のように分解できます。

$$【売上高】＝【客数（購入者数）】×【客単価】$$

　客数（購入者数）の予想を立てるには、学祭全体の来場者数を知る必要があるでしょう。学祭そのものへの来場者数が多いほど、屋台に商品を買いに来てくれる人数は増えそうですが、来場者数そのものは、自分たちの努力で変えられるものではなさそうです。このような要素は、「マクロ環境」や「外部環境」

などと呼ばれます。学校の規模や開催日数などによって大きく異なるでしょうが、中央大学での実績をベースに、本章では4日間で延べ50,000人の来場者数を想定しましょう。

　この50,000人全員がコーヒーを購入してくれることはありえません。また、校内の立地にもよりますが、全員があなたの店舗の近くを通るわけでもないので、半数程度（25,000人）が、購入可能性のある人数（潜在顧客数）としましょう。屋台の近くを通るお客様のうち、仮に50人に1人が購入してくれると、客数は4日間で500人になります。1日当たりに換算すると、125人、また1日8時間の営業だとすると、一時間当たり約16人（125 ÷ 8 = 15.625）という計算になります。いい換えれば、3分から4分に1人の割合でお客様が来る、という計算です。多少、イメージが湧いてきませんか？

　次に客単価です。親御さんたちなどの中高年層を主たるターゲットとし、注文を受けてから目の前でドリップする本格的なコーヒー（テイクアウトのみ）を販売すれば、自動販売機の缶コーヒーなどと比べて高めの値段でも買ってくれるのではないでしょうか。一般的なコーヒーショップでは、1杯300円程度が相場のようです。知名度のあるコーヒーショップとの比較は難しいところではありますが、わざわざ学校の様子に興味をもって足を運んでくれる中高年層を前提に考えれば、低価格を売りにする必要もないでしょう。また、客単価を上げるためには、サイドメニューなどとのセット販売も有効です。調理などを行うのは困難かもしれませんが、小さなチョコレートやクッキーなどのミニ菓子を用意することは可能でしょう。それらを踏まえて、コーヒー1杯300円、ミニ菓子とのセットで400

円。ミニ菓子の購入割合は半数を想定して、平均客単価は350円とします。なお、1人が1度に複数杯購入する可能性もあり、その場合は、客単価はさらに上がりますが、今回はその可能性は低いとみて除外します。

以上から、売上高予算は以下の通りとします。

【客数】500人×【客単価】350円＝【売上高】175,000円

あくまで見込みの数字ですので、例えば雨が降って来場者数が少なくなった場合や値下げ販売を行った場合の予想（下振れ予想）、学祭での珍しさが功を奏して客数が増加した場合の予想（上振れ予想）など、いくつかの異なるケースも想定しておくと、なお良いでしょう。

3. 費用はいくらかかりそう？——費用予算の作成

次に、費用について考えます。まずは購入が必要なものをすべて把握しなければなりません。コーヒー豆（粉）、水、紙コップ、ミニ菓子、ドリップ用機材（湯沸し用ケトル、ドリッパー、サーバー）などのほか、屋台の組み立てのための木材なども必要でしょう。一般のコーヒーショップであれば、家賃や水道光熱費なども発生しますが、学祭ということで除外します。今回は経営の勉強を兼ねて、従業員の給料も設定します。

先に述べたように、何を用いるか、という観点から費用の総額を把握することも重要ですが、利益計画を策定する上では、売上高や客数との関連において、それらが「変動費」なのか

「固定費」なのか、という観点から集計・分析することが非常に重要です。例えば、コーヒー豆（粉）、水、紙コップなどは、1杯売れるごとに一定の数量を消費しますので、基本的には変動費です。一方、屋台の組み立てなどにかかる費用は、客数やコーヒーの売れ行きに関係なく一律に発生しますので、固定費です。

　ただし、変動費についても、例えば、売れるたびにコーヒー豆を買いに行くのは非効率なので、ある程度まとめて仕入れる必要があるでしょう。もし、最終日に売れ残った場合、学祭の場合は翌日以降の営業がありませんので、残った材料もすべて費用となり、純粋な変動費とは言えません。この点は、営業日数が限られている学祭特有のリスクといえるでしょう。

　さて、具体的な費用予算を立てましょう。コーヒー豆は、一般的に、1杯10グラム程度を使用するそうです。価格はピンキリですが、500グラム（50杯分）1,500円程度のものを想定すると、500杯分で15,000円（1杯分30円）となります。水は、約100リットル（200cc × 500杯）で、10,000円（1杯分20円）としましょう。紙コップは、断熱用のものが10個100円程度で売っているようなので、同じく500杯分で5,000円（1杯分10円）とします。また、ミルク、砂糖、マドラーなどの費用として5,000円（1杯分10円）を、コーヒーフィルターや紙ナプキン、その他キッチン用品費として5,000円（1杯分10円）を見込みます。以上を合計すると、500杯分で40,000円、1杯当り80円となります。販売価格が300円でしたので、1杯売ると220円儲かる計算になります。

　ここで簡単な専門用語を紹介します。売上高から変動費のみ

を控除した金額のことを「貢献利益」と呼びます。したがって、コーヒー1杯当たりの貢献利益は220円、500杯売った時の貢献利益は110,000円です。コーヒーという個別の商品が、店舗全体としての利益にどれだけ貢献するか、というニュアンスです。店舗全体としての利益は、さらにミニ菓子の貢献利益を足して、店舗全体の固定費を引くことで求められます。

ミニ菓子は、個包装になっているチョコレート菓子が、1個当り40円程度で売っています。250個分で10,000円を見込みます。販売価格は100円でしたので、1個当り60円儲かる計算になります（ミニ菓子一個当たりの貢献利益が60円）。なお、250個売れた場合の貢献利益は15,000円です。

先ほどの想定では、1人のお客様が、コーヒー1杯とミニ菓子を0.5個（来店客の半数が購入）購入する計算でした。なお、複数の商品を扱っている場合の販売比率や組み合わせのことを「セールス・ミックス」と呼びます。このセールス・ミックスも、客単価や利益を考える際には重要です。コーヒーとミニ菓子のセールス・ミックス（個数ベース）を1：0.5とすれば、1人当たりの変動費は100円（80円＋40円×0.5）、1人当たりの貢献利益は250円（350円－100円）です。

次に固定費を見てみましょう。ドリップ用機材（湯沸し用ケトル、ドリッパー、サーバー、など）は、1セット7,500円程度で揃うようなので、2セット分用意するとして15,000円、屋台用の木材は10,000円とします。ドリップ用機材については、4日間の店舗終了後も引き続き使用可能な「資産」としての価値が残るとも考えられますが、あくまでも、4日間の店舗運営での採算を考えたいので、今回はすべて費用とします。

最後に人件費も考えましょう。学祭とはいえ、経営の勉強として コーヒーを販売する以上、しっかりと給料も考慮すべきです。いくらかかるか、ということも重要ですが、まずはいくら払えるか（何人雇えるか）、という点から、逆算してみましょう。

　売上高が 175,000 円でした。そこから、変動費の 50,000 円（コーヒーの 40,000 円とミニ菓子の 10,000 円）および人件費を除く固定費の 25,000 円（ドリップ用機材と屋台用木材）を引くと、100,000 円となります。このように、売上高から材料費や各種設備等に係る費用を除いた金額は、「（純）付加価値」と呼ばれます。材料などを組み合わせたり加工したりする過程で付け加えられた価値、という意味です。例えば、15,000 円で仕入れたコーヒー豆や 10,000 円で仕入れた水などは、そのままの状態であれば、おそらくそのままの値段でしかお客様は買ってくれないでしょう。それを屋台の中でケトルを用いて水をお湯に代え、ドリッパーやサーバーを用いてお湯をコーヒー豆（粉）に注ぎ、香高い黒いお湯（すなわちコーヒー）へと形を変えることで、合計 175,000 円で販売できるようになるわけです。つまり、機材なども含めて、もともとは 75,000 円の価値（変動費と人件費を除く固定費の合計）だったものが、そのような過程を経るなかで、100,000 円分の価値が付加されたわけです。

　これらの価値は、店舗で働く人たちによって付加されたわけですので、その人たちの給料は、この 100,000 円の中から払われる、と考えることができます。これが、「いくら払えるか」という観点からの計算です。もちろん全額給料に回してしまっては利益が出ませんので、適切な利益（後ほど検討します）が出る範囲で、従業員を雇うこととします。

では具体的に何人雇えるでしょうか。経営を勉強するために
は、やはり最低賃金を上回る金額で給与を払いたいところで
す。2018 年 2 月現在の最低賃金（全国平均）は 848 円ですの
で、少し頑張って、時給 900 円としましょう。店舗の営業は 8
時間／日ですが、開店・閉店作業を含めて 9 時間／日としま
す。最低 1 人は必要ですから、4 日間で 36 時間、すなわち
32,400 円は必要です。コーヒーを作るだけでなく、呼び込み
も必要でしょうから、何とかもう 1 人は雇いたいところで
す。すると、給与は 2 人分で 64,800 円かかります。すると、
計算上の利益は 35,200 円（100,000 円 − 64,800 円）になります。
頑張ればもう 1 人雇うこともできますが、そうすると利益は
2,800 円（35,200 円 − 32,400 円）に減ってしまいます。迷うとこ
ろです。コーヒーの売れ行きに応じて、忙しい時間帯だけ来て
もらえるような、都合のいい人が見つかれば助かりますね。

4. 適切な利益とは?

　そのような人が見つかるかは一旦おいといて、別の角度から
考えてみましょう。オーナーであるあなたの取り分、すなわち
店舗の利益として、どの程度が適切かを考えます。オーナーと
いうことは、店舗の元手は皆さんが出す、ということです。出
資者とも呼べますし、株式会社であれば「株主」です。

　今回、店舗の元手（出資金）はいくら必要でしょうか。ド
リップ用機材（15,000 円）や店舗用木材（10,000 円）がなければ
そもそもお店を開けませんので、まずこれらは必要です。コー
ヒーやミニ菓子などの材料（合計 50,000 円）はどうでしょう。

すべて一括で仕入れても良いですが、出資金額を抑えるために、とりあえず2日分仕入れておいて、残り2日分については、1日目の様子を見て買い足すということでどうでしょう。そうすれば、材料分の出資金額は、材料費総額の半分の25,000円で済みます。また、お客様が想定より来なかった場合に、材料を無駄にするリスクも減ります（ただし追加購入の手間は増えます）。

なお、材料の追加購入に際しては、初日以降の売上金（商品の販売によって、お客様から頂いたお金）を用いることができるので、追加の出資は不要です（ただしその場合、各日の売上高を、現金残高以外の方法で、正確に把握する方法を考えておく必要があります）。また、給与についても、学祭終了後に支払う、という形にしてもらえれば、出資金として準備する必要はありません（給与も売上金から支払う、ということです）。一方、当日のおつりや、そのほか急に何か必要になることも考えられますので、念のため20,000円程度の現金を、開店時点に店舗に用意しておいたほうが良さそうです。

そうすると、出資金額は、ドリップ用機材（15,000円）、店舗用木材（10,000円）、2日分の材料（25,000円）、お釣り・予備用手元資金（20,000円）の、合計70,000円ということになります。すなわち、あなたが70,000円のお金を出資すれば、学祭でコーヒー屋台を出せることになります。

ここでまた1つ専門用語です。企業の業績を判断する指標の1つに「自己資本利益率（Return on Equity: ROE）」と呼ばれるものがあります。自己資本とは、企業の総資産から負債などを差し引いた金額のことで、主に株主の持ち分（出資金額＋過年度

利益の累計額など）を表します。今回のケースでいえば、あなたの出資額である 70,000 円が、自己資本の額に相当すると考えてください（厳密には、学祭終了時において、4 日間の利益分、自己資本が増加します）。一般的には、自己資本に対して 8％以上の当期純利益（法人税などを控除後の利益）、すなわち ROE で 8％以上が望ましいといわれています。

ROE が 8％というのは、本来は 1 年間分の利益をベースにした話です。学祭は数日程度しかないわけですが、代わりに、実際には到底ありえないほどの人がいます。逆に、水道光熱費や家賃、法人税などが発生しないなど、特殊な要素が多いので単純比較は難しいのですが、経営指標の勉強の意味も込めて、とりあえず 4 日間を 1 年間と見立て、利益計画を立てましょう。

70,000 円の出資金に対する 8％となると、5,600 円以上の利益が必要ということになります。そうすると、やはり 3 人目もフルタイムで雇った場合の利益（2,800 円）では不十分です。そこで、例えばフルタイムの半分（四日間で 18 時間）の労働時間としてはどうでしょうか。すると、労働時間は延べ 90 時間（9 時間× 4 日× 2.5 人）、給与総額は 81,000 円となります。今回は、労働時間はあらかじめ決めた通り、延べ 90 時間から変えないという想定にすると、変動費は前述のとおり 50,000 円、固定費はドリップ用機材（15,000 円）、屋台用木材（10,000 円）、給与（81,000 円）で合計 106,000 円、売上高は 175,000 円でしたから、利益は 19,000 円、出資金額に対する利益率（≒ ROE）は 27.1％（19,000 円÷ 70,000 円）となります。学祭の 4 日間を 1 年と見立てても、十分な利益と言えるでしょう（むしろ多すぎる

図表1　コーヒー屋台の利益計画（要約）

		(円)
〈売上高〉 ………………………………………………………		<u>175,000</u>
（【客数】500人×【客単価】@350円	175,000 ）	
〈変動費（材料費）〉 …………………………………………		<u>50,000</u>
（【コーヒー豆（粉）】@30円×500杯分	15,000 ）	
（【水】@20円×500杯分	10,000 ）	
（【紙コップ】@10円×500杯分	5,000 ）	
（【ミルク・砂糖等】@10円×500杯分	5,000 ）	
（【その他キッチン用品等】@10円×500杯分	5,000 ）	
（【ミニ菓子】@40円×250個	10,000 ）	
〈固定費〉 ……………………………………………………		<u>106,000</u>
（【ドリップ用機材】@7,500円×2台	15,000 ）	
（【屋台用木材】10,000円	10,000 ）	
（【従業員給料】@900円×90時間	81,000 ）	
〈利益〉 ………………………………………………………		<u>19,000</u>

〈出資額〉 ……………………………………………………		<u>70,000</u>
（【材料費分】50,000円×1/2	25,000 ）	
（【ドリップ用機材分】15,000円	15,000 ）	
（【屋台用木材分】10,000円	10,000 ）	
（【お釣り・予備用手元資金】20,000円	20,000 ）	
〈出資額に対する利益額（≒ROE）〉 ………………………		<u>27.1%</u>
（【利益】19,000円÷【出資額】70,000円）		

かもしれませんが、詳しくは次の「コラム」をご覧ください）。以上を
まとめたのが図表1です。

5. 損益分岐点分析で、リスク耐性を考える

　以上は、あくまでも見込みでの計算ですが、実際に事業を行
う上での重要な目安になりますし、コーヒー屋台の出店で、利
益が出る可能性は十分あることが分かったと思います。

　それでもやはり、実際にどうなるかはやってみるまで分かり

ません。冒頭にも述べたように、事業には常に不確実性（リスク）が伴います。様々な考え方はあるのですが、予想外のことが起きた場合でも、最低限、赤字になることだけは避けたいところです。そこで、どれだけ売り上げれば赤字にならないか、といった観点からも、分析をしておきたいたいと思います。

先述の通り、お客様がまったく来なくても生じる固定費は、106,000円でした。そこから、お客様が1人来るたびに、平均して350円の売り上げが生じます。一方、コーヒーやミニ菓子の材料費として、お客様1人当たり100円生じます（変動費）。つまり、お客様1人当たり250円の追加的な利益（貢献利益）を獲得できるわけです。したがって、106,000円の固定費を全額回収するためには、424人（106,000円÷250円／人）の客数、売上高にして148,400円が必要となります。

　これを視覚的に表したのが図表2です。実線（A）は「売上高線」と呼ばれます。客数に比例して、1人当たり350円の割合で売上高が増えていくことを示しています。点線（B）は「固定費線」と呼ばれます。客数とは無関係に、常に106,000円であることを示しています。この点線（B）に変動費分（客数1人当たり100円増加）を加えたのが実線（C）で、「総費用線」と呼ばれます。実線（A）と実線（C）が交差する点は「損益分岐

図表2　コーヒー屋台の損益分岐点分析

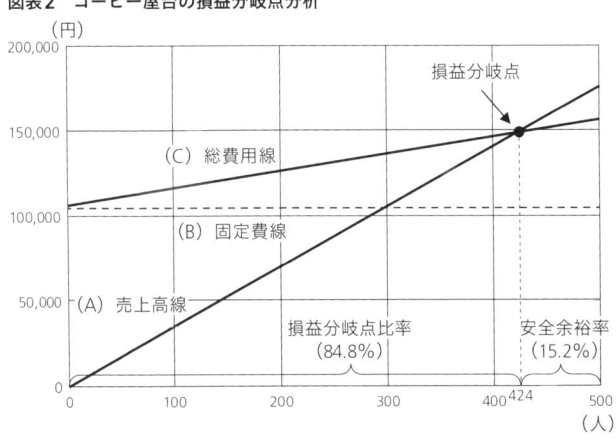

点」と呼ばれ、この時の客数は 424 人で、売上高と総費用（固定費＋変動費）はともに 148,400 円です。このような分析を「損益分岐点分析」（cost-volume-profit: CVP 分析）と呼びます。

　損益分岐点分析に関連して、あと 2 つだけ用語を紹介します。繰り返しですが、今回の計画では、客数を 500 人と見込んでいるのに対して、424 人の客数があれば損益分岐点に達します。すなわち、見込み客数の 84.8%（424 人÷500 人）を達成できれば、計算上、赤字にならないことが見込まれます。この割合（84.8%）のことを「損益分岐点比率」と呼びます。逆にいえば、見込みに対して 15.2% 少ない客数であっても、赤字にはならないことを示しています。この割合（15.2%）を「安全余裕率」と呼びます。赤字にならなければよい、というわけではないですが、経営上の 1 つの目安として損益分岐点をクリアすることが求められるので、安全余裕率が高く、損益分岐点比率が低いほうが、余裕をもった利益計画ということができます。

　なお、固定費を下げることができれば、安全余裕率は高くなるわけですが、その分変動費が高くなったり売り上げが下がったりすると意味がありません。今回のケースでも、例えば 2 セット準備する予定のドリップ用機材を 1 セットにすれば固定費は下がりますが、おそらくはその分コーヒーの提供能力が下がり、売上の減少につながるかも知れません。もちろん経営に「正解」や「絶対」はありませんので、このような損益分岐点分析をもとに、様々なケースを想定し、議論することが重要です。

6. 利益目標の現場への落とし込み

　以上で、4日間合計としての利益計画ができましたが、これを実行に移す段階では、現場レベルの目標に落とし込み、実現可能性を高める必要があります。現場が主として扱っているのは、1杯300円のコーヒーや、1個100円のミニ菓子です。175,000円という売り上げ目標や19,000円という利益目標を伝えられても、何をどう頑張ればいいか分かりません。そこで例えば、1日当たり、さらには1時間当たりの目標に落とし込んではどうでしょうか。

　単純に日数で割れば、1日当たりの売上目標は43,750円、客数は125人です。同様に1時間当たりにすれば、5,469円、客数は16人です（ともに端数は切り上げ）。曜日や時間帯別の過去データなどがあれば、平日と祝日、午前と午後などで目標を傾斜させる（平日は少なくして祝日は多くするなど）のも有効ですが、確信がないのであれば、できるだけシンプルな目標としたほうが分かりやすいと思います。様々な考え方はありえますが、今回のケースでは、「1時間当たり16人のお客様を獲得する」というのを、現場の目標として掲げてはどうでしょうか。その程度であれば、店舗で紙と鉛筆を使って「正」の字で集計し、「この時間はよかった」「この時間は悪かったから、何とか次で取り返そう」というような、自分たちの状況に対する色付け（うまくいっているのか、うまくいっていないのか）が可能となりますし、うまくいっていない時には、何らかの対応策を考えるきっかけになります。

7. おわりに

　本章で扱った内容は、主に「管理会計」(management accounting) と呼ばれる学問領域に関連しています。経営 (management) とは、組織目的の達成のために、限られた資源 (ヒト、モノ、カネ) を有効活用すること、などと定義されますが、管理会計では、「カネ」の側面から、いかに経営をサポートできるか、を考えます。

　社外に公表する決算 (利益の計算など) を扱うのは主に「財務会計」と呼ばれる領域で、そこでは1円たりとも誤りは許されません。しかし、管理会計では、自社の経営に役立つことが最重要課題ですから、無理に1円単位まで計算する必要はありません。むしろ、時には大雑把な数値のほうが、分かりやすくて良い場面もあります。今回も、損益分岐点は計算上、客数ベースで424人、売上高148,400円、でしたが、1人単位、1円単位の数値にはほとんど意味がありません。しかし、これまで分析してきた通り、まったく予測や計算を行わなければ、そもそもコーヒー屋台で利益を出せる可能性があるのか、コーヒー豆はどれだけ仕入れればいいのか、何人雇うことができるのか、といった、根本的な疑問に答えることができません。

　また、管理会計では、会計情報の適時性が、より強く求められます。大雑把でもいいので、1日でも、1秒でも早く、自社の経営状況を把握し、対策をとる必要があります。今回のケースでは、1時間当たり16人、という客数を合言葉に、現場の従業員の努力を引き出し、目標を達成できれば、おのずと利益はついてくるでしょう。そのような、経営における大局観を与え

てくれるのが、管理会計なのです。

【ブックガイド】

・ 小宮一慶『「ROE って何？」という人のための経営指標の教科書』（PHP ビジネス新書、2015 年）

ROE をはじめ、基本的な指標や概念について、わかりやすく説明してあります。とても読みやすい内容です。

・ 山根節『経営の大局をつかむ会計：健全な"ドンブリ勘定"のすすめ』（光文社、2005 年）

本章でも言及している、経営における「大局観」を重視した会計書です。同じく、とても読みやすい内容です。

【研究課題】

❶ 本文中では「ミニ菓子」の販売を行う設定になっていますが、この点についてあなたはどう思いますか。利益 (売上や費用) に加え、現場での手間などの観点から、より望ましいメニュー構成についても考えてください。

❷「コーヒーの売れ行きに応じて、忙しい時間帯だけ来てもらえるような、都合のいい人」(p.52 参照) を見つけるためには、どのような契約 (特に給与面) にすればよいでしょうか。

❸ 出資金を減らし、代わりに外部の第三者から「借入」を行う場合、利益計画 (特に ROE) にどのような影響を与えるか、考えてみましょう。

筆者のひとりごと

この章は、完全なフィクション（妄想？）ではなく、筆者のゼミで、実際

に学祭でコーヒーを含めたいくつかの飲食店（屋台）を出店したときの実績や経験がベースになっています。具体的には、毎年4月頃から半年をかけて、学祭の市場分析や他店などの競合分析、それらを踏まえたうえでの生産・販売戦略なども立てたうえで、学外の実務家から出資を募り、それを元手に、11月初旬の学祭にて、4日間、店舗運営を行っています。本章の内容は、利益計画が中心ですが、店舗運営終了後も、貸借対照表や損益計算書などの財務諸表を作成し、公認会計士の方に会計監査をして頂いたうえで、出資者の方々に業績報告を行っています。

　学祭当日ではさらに、毎日営業終了後に、簡便な利益計算も行っています。具体的には、1日ごとに売上高や客数・客単価の集計を行い、当初の利益計画との比較・分析を行います。今回のケースでいえば、例えば、客単価については、ミニ菓子の購入率によって影響を受けるでしょうし、価格についても、実際に購入に来たお客様の年齢層や反応を踏まえて、翌日から変更することも可能かもしれません。実際に筆者のゼミでコーヒーを販売した際、「安いほうが売れるだろう」という発想で、当初、1杯150円（ミニ菓子とセットで250円）で販売していたのですが、当日のお客様や利益状況を踏まえ、翌日は1杯200円、さらにその翌日は1杯250円と値段を上げていきました。

　本章でも述べたとおり、学祭には中高年層の方が一定数おり、学祭特有の喧騒から少し離れてゆっくりしたいという方が、多数来店して下さいました。当初の計画より客数が少なかったのですが、2日目からそういった方を主たるターゲットと定め、少し値段を上げる代わりに、店頭で学祭や大学の話をするなど、お客様とのコミュニケーションを重視することで、最終的には目標に近い利益を達成することができました。

　なお、その時には、ゼミ外から人を雇うことはせず、11名のゼミ生で時間帯ごとにシフトを組んで、勤務時間に応じた給与を自分たちで受け取りました。ただし、営業終了後の利益計算や分析については、ゼミの学習の一環という位置づけにして、給与は計上しませんでした（給与を計上していたら、間違いなく赤字でした）。事業を行い、人を雇って給料を払い、その上で利益を出す、というのは、実に難しいことなのだと実感したゼミ生も多かったようです。

第 二 部

ビジネスとお金

第4章　会社を創るにはお金が必要です

1. 世の中には会社がたくさんあり、 あなたも創ることができます

　皆さんの周りには、数多くの会社があります。この本を読んでいる人の中には、将来自分で会社を設立したいと考えている人もいるでしょう。会社に必要なお金はどうしたらよいでしょうか。また、自分で会社を作らなくても、会社で働く人はたくさんいます。会社のお金に関わる業務は、重要な仕事の1つです。

　この章では、会社を創ることを通じて、お金のことを考えてみましょう。

　新聞や雑誌を見たり、インターネットで検索したりすると、多くの人が起業家（自ら事業を興す人）として活躍していることが分かります。例えばアメリカで、ソーシャル・ネットワーキング・サービス（SNS）である Facebook を設立したマーク・ザッカーバーグ（Mark Zuckerberg）氏や、皆さんがパソコンで利用する主要 OS の1つである Windows を開発したマイクロソフトのビル・ゲイツ（Bill Gates）氏は、世界的に有名です。日本にも起業家はたくさんいます。楽天市場というインターネットショッピングモールの運営で有名な楽天の三木谷浩史氏や、携帯電話事業で有名なソフトバンクの孫正義氏などです。また

IT業界だけではありません。フォーブス・ジャパンが発表した2018年「起業家ランキングBEST10」では、iPS細胞株から血小板や赤血球の産生を目指す会社であるメガカリオンの、三輪玄二郎氏が1位に選ばれています（同率1位にラクスルの松本恭攝氏）。同2019年版では、ロケットの破片など宇宙ゴミ（スペース・デブリ）の除去を目的とした会社であるアストロスケールの岡田光信氏が1位です。これら新しいサービスやビジネスを展開する会社を、ベンチャー企業と呼びます。このような情報を知ったあなたは、自分も将来会社を設立して、活躍したいと考えていました。

　大きな目標をもって高校生活を送る中で、地元の特産品のすばらしさを知ったあなたは、これを世界に紹介したいと考えました。店舗とインターネットを利用した販売網を作り、特産品の販売を通じて地域の魅力を伝えるというものです。地元ならではの商品が世界で受け入れられれば、地元の雇用も増えて地域活性化につながりそうです。地元を愛するあなたの生きがいにもつながる、素晴らしい発想です。そこで将来のため大学では商学部に進学し、ビジネスの基礎を学びました。社会経験の重要性も理解したあなたは大学卒業後に就職をして様々な経験を積み、ついに高校生の頃から温めてきたアイデアを実現するために、会社を設立することになりました。

2. 株式でお金を集める

　あなたはこれまでに貯めたお金をもとに会社を設立する予定でしたが、独立して頑張ることを決めたあなたに、お母さんが

お金を出してくれることになりました。お母さんはあなたのことを思い、「返す必要はないから、将来成功して成果を分けてくれることを期待しているよ」といっています。あなた自身も、自分で準備したお金を会社のために使って、将来の成功を期待しています。この返す必要がない形での資金提供を出資といって、会社の資本金になります。出資した人は、出資した金額に応じて株式を受け取り、株主となります。あなたは、株主となってくれたお母さんの期待も背負って会社を設立することになりました。

　先ほど名前の挙がった日本の著名な起業家である三木谷浩史氏や孫正義氏は、現在でも自身の会社の大株主です。三木谷氏と家族や関係会社を合わせた楽天の株式保有比率は約37%、孫氏のソフトバンクグループの株式保有比率は約21%です（それぞれ 2018 年 3 月時点）。三木谷氏や孫氏など創業者と呼ばれる会社を設立した人は、会社を経営する際に大きな発言権をもっていますが、たくさんの株式を保有していることも一因です。これについて、後ほど学ぶ株主の権利で確認しましょう。

　出資をして「将来成功して成果を分けてくれることを期待」するとは、どういうことでしょうか。ここでは、会社がお金を支払う順番が重要になります。あなたが地元の特産品を世界中で販売するために必要なお金（特産品を仕入れる費用や一緒に働く従業員の給料など）、銀行から借りたお金の利息、税金などすべてを支払った後に残ったお金が株主のものになります。したがって、正直なビジネスをしてお客さんの信頼を得たり、従業員が一生懸命働くことのできる環境を作ったりすることが、会社に最終的に残るお金の増加につながり、株主の利益につなが

ります。品質検査が不適切な製品を出荷した会社や、従業員が過酷な労働条件で苦しんでいる会社がニュースになることがありますが、そのような会社は社会から信用を失い、最終的に株主の利益を減らす結果になっているのです。株主の利益は、会社に関わる人（ステイク・ホルダーと呼びます）すべてとの関係の結果なのです。

3. 銀行から借り入れをする

　あなたが会社を経営する際には、特産品を仕入れたり、従業員の給料を支払ったり、常にお金は必要になります。あなたとお母さんの出資による資本金だけでは、会社経営に必要なすべてのお金をまかなうのは難しいため、それ以外にお金を工面しなければなりません。そこでお金のことなら銀行に相談するのが良いのではと考え、自宅近くにある銀行の支店に行くことにしました。

　銀行ではあなたが考える会社の将来（事業計画）について詳しく質問されました。特に日々の活動に必要なお金（短期資金と呼びます）と、店舗の購入やネット販売システム構築など投資に必要なお金（長期資金と呼びます）を整理し、借りたお金をきちんと返済するスケジュールを相談した結果、無事に銀行から必要なお金を借りることができました。これ以外にも、お金に関して銀行にはお世話になりそうです。銀行はどのような仕事をしているのでしょうか。4つの業務に整理してみましょう。

　会社も個人と同じように、銀行に口座を開設し、余裕のあるお金を預金として預けます。これが銀行の業務の1つである①

預金業務です。余裕資金は普通預金や定期預金として預けますが、会社が小切手や手形を振り出すための当座預金などもあります。小切手や手形は、企業が支払いのために発行するものです。小切手や手形を受け取った人は、それを銀行にもっていくことでお金を受け取ることができます。あなたが銀行に相談をしてお金を借りたように、個人や会社に銀行がお金を貸し出すことを②融資業務と呼びます。銀行は預金として集めたお金を貸し出すことで、利益を得ています。個人への住宅ローンの貸し出しや、会社への短期資金の貸し出し、長期資金の貸し出しなどを行っています。この2つと並んで重要なのが、③為替業務（「為替」は「かわせ」と読みます）です。遠く離れた人にお金を支払うとき、どのようにするべきでしょうか。現金を運ぶのは手間がかかりますし、盗難の危険がありそうです。多額のお金だと、運ぶこと自体が困難な場合も考えられます。このようなとき、他の口座への送金である振り込みを利用します。他の口座へ送金することを、為替業務と呼びます。支払う相手が遠くに住んでいても、相手の指定する口座に送金をすることで、安全に支払いをすることができます。お客さんに代わって小切手や手形の代金を受け取ることも、為替業務の一部です。最後に、3つの業務以外で最近重要になっているのが、保険や投資信託といった④金融商品の販売業務です。銀行は預金としてお金を預かるだけでなく、資産運用の相談にも応えることが大切になっています。

　このようにお金に関わることでは、銀行のお世話になることがたくさんありそうです。お金を借りる際に将来の計画を相談してアドバイスをもらうだけでなく、新しいお客さんを紹介し

てもらうなど、あなたの会社にとって銀行は頼もしい存在になります。

4. ベンチャーキャピタルの登場

あなたが始めた地元の特産品を世界に販売するという取り組みは、良い商品を適切な価格で販売することで評価を高め、売上や利益が増えてきました。国内だけでなく、海外からの注文も増えています。1つの店舗とインターネットを利用した販売をしてきましたが、売上増加に対応して新しい倉庫を準備したり、2号店や3号店を開店したりすることを検討する段階になりました。またネット販売もこれまで以上の言語に対応したいと考え、海外での店舗展開にも興味をもちました。規模を拡大するために新しい仲間を迎えることで、従業員数の増大も予想されます。このような状況になって、あなたには新たな悩みが発生しました。それは、複数の店舗の運営をどうしたら良いか、たくさんの人が働くための環境をどのように作ったら良いか、海外での販売を効率的に行うにはどうしたら良いか、など多岐にわたります。悩みの中でもお金の問題は大きな割合を占めています。規模を拡大して仕入れを増やすにはお金が必要です。新しい倉庫や店舗を展開するにも、従業員を増やすにも、何をするにもお金の問題が出てきます。

合理的な経営とお金の工面について検討をしているあなたに、ベンチャーキャピタルが声をかけてきました。ベンチャーキャピタルがあなたの会社にお金を出してくれるというのです。あなたの会社にとって資本を増やすことになるため、新た

にお金を出してもらうことを増資と呼びます。増資をするとベンチャーキャピタルがあなたの会社の株主になります。そこであなたは、ベンチャーキャピタルとはどんな存在なのかを確認し、改めて株主の権利と義務について整理することにしました。

　ベンチャーキャピタルとは、ベンチャー企業の株式などを引き受けることによって投資をし、経営に関与して企業を成長させ利益を獲得することを目指す投資会社です。お金を出すだけでなく、会社経営のアドバイスを行い、会社が大きくなり売上や利益が増加することをサポートしてくれます。あなたが困っている複数店舗の効率的な経営や、たくさんの従業員が働く環境の整備、海外展開の拡大などについて、専門家として関わってくれるのです。ベンチャーキャピタルは、なぜこのような活動をするのでしょうか。もちろんボランティアではありません。会社が大きくなり利益が増大することで、株価（株式の価格）の上昇が期待できます。お金を出して株式を手に入れた時よりも株価が高くなっていれば、それを売却することで差額を

▌コラム（株価はどのように決まるのか）

　株価はどのように決まるのでしょうか。長期的には、会社がもつ本質的な価値によって決まります。つまり、会社の経営状況や将来性など、会社が稼ぐ力がもとになり、将来が期待できる会社の株価は高くなるのです。例えばたくさん売れることが期待される新商品を開発したり、新しい技術を実現したりすると、株価は上昇します。

　将来期待される利益によって株価を計算しますが、これは大学に入ってから詳しく勉強する内容になります。株価は数値で表されていますから、計算によって理論的に求められます。株式投資はギャンブルではありません。大学で株価の決定についてきちんと学び、正しく行動できるようになりましょう。

利益として得ることができます。

　これまで株主はあなたとお母さんだけでした。身内だけの出資で小さくスタートした会社が、ベンチャーキャピタルという外部者からお金を受け入れることで、株主からの厳しい要求に応える必要が出てきたのです。もちろん最初に出資してくれたお母さんの要求にも応える必要がありましたが、将来に期待するよというあなたのことを思った穏やかな要求でした。大きな利益を求めるベンチャーキャピタルは、あなたとお母さんの関係とは違います。株主という立場について確認してみましょう。

　株主には、会社の重要なことを決める権利があります。株主が集まって株主総会という会議が開かれますが、株主は株主総会で多数決に参加することができます。投票権は保有する株式数に応じて与えられるため、ベンチャーキャピタルに多額のお金を出してもらうことは、重要な決定についてベンチャーキャピタルの発言力が大きくなることを意味します。また株主は配当を受け取ることができます。先に学んだように、会社がすべての支払いを終わった後に残る利益が株主のものになります。会社が稼いだ利益を、配当という形でお金として受け取ることができるのです。たくさん利益を残すことができた場合は高額の配当がもらえますが、利益を残すことができなかったら配当はもらえません。つまり株主は、会社がたくさんの利益を生み出すことができるように、重要なことについて決定する権利をもち、その成果を受け取る権利をもつ存在なのです。お母さんが「将来成功して成果を分けてくれることを期待」していたのも、重要なことについてあなたの意見を尊重して将来の利益を期待するという形で、株主の権利を行使していたのです。

図表1　お金を借りることと、株式によるお金の調達の違い

	お金を借りること	株式によるお金の調達
返済義務	あり	なし
株主総会での投票権	なし	あり
重要なこと	確実に返してもらえること	将来への期待

　このような権利を持つ株主の義務は、有限責任という形で限定されています。ここでの有限責任とは、会社が倒産してしまった場合は出したお金をあきらめる、つまり損は出したお金が上限となるというものです。「会社の重要なことを決める権利があるのだから、会社が返せなくなった借金を代わりに返せ」とはいわれません。このため安心して株主になることができるのです。

　あなたはベンチャーキャピタルとの話し合いを重ね、今後の会社の成長のためにお金を出してもらうことにしました。これからしばらく、ベンチャーキャピタルと二人三脚で、会社を大きくするために様々な取り組みをすることになります（図表1）。

5. 株式の上場 (IPO) や社債の発行など、証券市場の活用

　ベンチャーキャピタルと一緒に会社の経営を頑張ってきたあなたに、素晴らしい話がありました。ベンチャーキャピタルから、株式の上場を相談されたのです。株式の上場とは、株式を証券取引所で売買できるようにすることです。最近でも、SNSサービスで有名な LINE が 2016 年 7 月に、フリーマーケットアプリ mercari で有名なメルカリが 2018 年 6 月に株式の上場をしました。このような新規の株式上場を、IPO（Initial Public

Offering）と呼んでおり、あなたの会社も LINE やメルカリに続く IPO の候補となったのです。

　これまであなたとお母さん、ベンチャーキャピタルが株主でしたが、株式を他の人に譲ることはありませんでした。株式を上場することで、これらの株式を売ったり、新たに株式を発行してお金を集めたりすることが、証券取引所でできるようになります。市場で多くの買いたい人や売りたい人に取引してもらうことで、会社の知名度が上がり、会社の将来にもプラスになることが期待されます。ちなみに現在日本で株式の取引をしているのは、東京証券取引所、名古屋証券取引所、札幌証券取引所、福岡証券取引所の 4 か所ですが、東京証券取引所での取引が圧倒的に多く、世界で注目される証券取引所の 1 つです。

　株式を上場する際や株式の取引で活躍するのが、証券会社です。証券会社はどのような仕事をしているのでしょうか。株式を上場する場合、株式を発行して新たにお金を集める場合、証券取引所での株式の売買の場合に分類して整理しましょう。今回のように会社が株式上場を希望する際には、証券会社が、上場にふさわしい会社であるか審査をします。多くの人が安心して取引をするためには、会社が正しく経営されていることや、会社の情報がきちんと発表されることが求められるため、まずはプロである証券会社が上場を希望する会社をチェックするのです。この証券会社の審査に合格した後、証券取引所の審査にも合格すると、晴れて株式の上場となります。

　株式を上場すると、投資家から新たにお金を集めることが期待できます。これまで、新たにお金を出してくれる人を見つけるのは、難しいことでした。また一般の人があなたの会社にお

金を出したいと思っても、どのようにすればよいのか分かりません
せんでした。株式を上場することで、市場を通じて多くの人に
あなたの会社に関わってもらうチャンスができたのです。この
ように会社が新しく株式を発行してお金を集める際に、証券会
社が活躍します。株式を発行するあなたの会社と、あなたの会
社にお金を出したい人たちの間をつなぐ役割を果たすのです。
証券会社は、会社が新しい株式を発行する際に、買ってくれる
人（株主になってくれる人）を見つけて販売する仕事をしている
のです。

　株式が上場されると、株主はもっている株式を、証券取引所
を通じて新たに株主になりたい人に売ることができます。この
ような株式の証券取引所での売買でも証券会社は重要な仕事を
しています。株式を売りたい場合や買いたい場合には、皆さん
が直接証券取引所に希望を出すのではなく、証券会社に希望を
出します。証券会社はそれらの希望を証券取引所に取り次い
で、取引を成立させています。分かりやすくいうと、証券会社
はあなたの代わりに株式を売ったり買ったりしてくれるという
ことです。ここで注意が必要なのは、証券取引所で株式を売っ
たり買ったりするときには、会社が新しくお金を手に入れる訳
ではないということです。会社が新しくお金を手にするのは、
新しく株式を発行するときです。証券取引所で、いま株式を
もっている人と、株式を買いたい人が取引する場合は、会社に
とっては株式をもっている人が変わる、つまり株主が変わると
いう意味になります。このような株式の売買は、証券会社が自
社のお金でも行っています。

　あなたの会社は、証券会社の審査に合格し、証券取引所にも

上場が認められました。あなたの会社は将来有望であると多くの人に期待され、株式を欲しいという人が続出しています。欲しい人が多いものの値段は高くなるという原理にしたがい、あなたの会社の株式には高い値段がついています。ベンチャーキャピタルはもっていた株式を売ることで、大きな利益を得ることができました。あなたとお母さんももっている株式の価格が上がり、財産が増えました。そこでもっていた株式の一部を売って、最初に出資した額をはるかに上回るお金を手にすることができました。このように会社を創ったあなたがIPOによって得る利益は、創業者利益と呼ばれています。会社を創業したあなたの頑張りが大きな成果として実ったのです。

　あなたの会社は新しく株式を発行して、店舗や販売網を拡大

■ コラム（お金持ちになった創業者）

　アメリカの経済雑誌であるフォーブスが発表した 2018 年版長者番付では、1 位はアマゾン創業者のジェフ・ベゾス（Jeff Bezos）氏、2 位はビル・ゲイツ氏でした。もっている財産はそれぞれ 1,120 億ドル（1 ドル＝ 110 円で換算すると 12.32 兆円）、900 億ドル（同じく 9.9 兆円）という途方もない金額です。

　日本人に限ると、1 位は孫正義氏、2 位はユニクロというブランド名で有名なファーストリテイリングの柳井正氏で、もっている財産はそれぞれ 2.29 兆円と 2.21 兆円でした。柳井氏は父親から受け継いだ紳士服の会社をユニクロブランドで有名にして株式上場を果たしており、現在の会社の創業者と位置付けられます。

　このように世界のお金持ちには、自ら事業を起こして株式上場を果たし創業者利益を得た人が並んでいます。ビル・ゲイツ氏は巨額の寄付をしていることでも有名で、孫氏や柳井氏も東日本大震災の義援金として多額の寄付をしています。多くの創業者は、事業を成功させて手に入れた成果を寄付することでも社会に貢献しています。

するためのお金を集めることができました。順調に会社が大き
くなることで、銀行との取引も円滑に進むようになりました。
さらに、会社の信用が増したことで、お金に余裕がある人から
直接借金をすることもできるようになりました（社債という借金
の証書にあたるものを発行して、お金に余裕がある人から貸してもらいま
す）。

6.お金を通じて会社を支えてくれる人たちとの関係

　会社を設立したときと比べると、新しい株式の発行、銀行か
らの借り入れ、社債の発行など、必要なお金を工面する手段は
格段に増えており、あなたの会社がこれからさらに大きくなる
ために、いろいろなことにチャレンジができます。だだし肝に
銘じておくべきことがあります。株式を買ってくれた株主はあ
なたの会社がたくさんの利益を残すことを期待しており、お金
を貸してくれた人たちはきちんと返済することを望んでいると
いうことです。

　地元の特産品を世界に広げたい、地元の経済を活性化させた
い、という思いで始めた会社は、社会に欠かせないものになり
ました。会社に関わる人も多くなり、あなたには会社を正しく
経営する大きな責任があります。そんなあなたを、株主や銀
行、証券会社、あなたの会社に興味をもっている多くの人たち
が、お金を通じて支えているのです。

【ブックガイド】
　・磯崎哲也『起業のファイナンス増補改訂版』（日本実業出

版社、2015 年）

文章が読みやすく、会社を創る際のお金の基礎知識がすらすらと理解できます。

・ 中央大学法学部編『高校生からの法学入門』（中央大学出版部、2016 年）

7 章が関連しています。

・ その他

ベンチャー企業の創業者や、多くの IT 企業が集まるシリコンバレーを題材にした書籍が、数多く出版されています。またドラマや映画もたくさん作られています。これらを通じて、起業やそれにまつわるお金の問題について、楽しく学ぶことができます。

【研究課題】

日本でも毎年たくさんの会社が株式の新規上場（IPO）をしており、有名な会社だとテレビや新聞で報道されます。そのようなニュースを調べてみましょう。また、お金に関して身近な場所は銀行や証券会社です。実際に銀行や証券会社の支店を見てみましょう。お金は経済活動に欠かせません。様々なことをお金の視点から興味をもって確認してみましょう。

第5章　どの会社にお金を回す?
──資金の運用

1. はじめに

　第4章の説明で出てきた「地元の特産品を世界に販売する」という会社には、アナザーストーリーがありました。

　中央高校の3年C組では、高校時代の思い出作りに文化祭で模擬店を出すことにしました[1]。どんな店を出店するかを考えるにあたって、スマホ世代のみんなが、「文化祭　模擬店　人気」というキーワードで早速検索してみると、男子には、アメリカンドック、焼き鳥、などが人気なのに対して、女子にはチュロス、ワッフルなどが人気だということが分かりました。「女子が集まれば、男子もつられてくるはず」という、どういう根拠か分からない高橋君の提案が何となく採用され、模擬店では女子に人気のチュロスとワッフルを販売することに決定。といっても誰も作ったことがない!　まずはインターネットで

---

[1]　第3章で、大学祭でコーヒー屋台を出店した場合を例に、利益計画策定方法について詳細に検討しました。ここでは、資金調達と運用の身近なイメージのための高校の文化祭でのお話しですので、(大学祭の場合と違って?) 利益計画についてはまったく話に出てきませんが、その点はとりあえず気にしないでください。なお、ここでの文化祭の例は、もちろんすべてフィクションです。実在する高校や人物と似たような名前であっても、一切関係ありませんので、念のため。

検索。レシピ検索の担当は鈴木さんと斉藤さん。レシピを集めているウェブサイトから…という部分は、ここでは直接関係ないので省略しますね。ただ分かったことはとっても面倒だということ。そして、いろいろな専門的な機材が必要になるみたいだということ。ここでスマホをいじっていた長谷川君が、イベント用に機器をレンタルしている業者を発見。材料も売っているようです。「焼くだけでいい材料を買ってくればいいんじゃねぇ」という声にみんなが頷きます。結果、できるだけ出来合いのものを利用することにします。機材と材料調達担当は、佐藤君と田中さんです。いくつかの会社から「ピン」と来た会社を選んで、文化祭が土曜日・日曜日の2日間なので、2泊3日で機器をレンタルすることにしました。必要な金額は、ワッフルメーカー1万7千円、チュロスオーブン1万2千円、材料にはワッフル100個分の冷凍生地が1万3千円、チュロスの原料が40cmのもの100本で2万5千円。どうもワッフルを作るには発酵機も必要らしく、そのレンタル料が1万円かかりそうです。ということで、1日100個売る場合1個当たりの原価は、ワッフル400円、チュロス370円です。以上の情報（大袈裟？）を一覧表にしたものが次の図表1です。

　さて、ざっくりと費用が分かったところで、この資金をどのように調達しましょうか。ワッフルだけの模擬店で4万円、

図表1　文化祭の出店費用

（単位：円）

固定費		変動費（100個あたり）
ワッフルメーカー	ワッフル発酵機	ワッフル冷凍生地
17,000	10,000	13,000
チュロスオーブン		チュロス原料
	12,000	25,000

チュロスだけの模擬店で最低3万7千円必要です。1つの方法は、クラスみんなでお金を出し合うというやり方があります。3年C組は28人のクラスなので、両方の模擬店を出す最低の資金7万7千円をみんなで均等に割ると1人当たり2,750円となります。これならクラスのみんなも出せそうなので、文化祭では、ワッフルとチュロスの両方を売る模擬店を出します。みんな買いに来てね。

　文化祭も無事終り、最初は売れ残りが出るかと心配していた3年C組の模擬店も、SNSで好評だったこともあり、日曜日のお昼過ぎ頃には完売しました。ワッフルメーカーや発酵機、チュロスオーブンなどのレンタル品も無事返送できました。みんなで模擬店をやって楽しかったし、いい思い出になったね。

　さて、こうして高校時代を過ごした皆さんは、大学に進み商学を専門的に勉強し、卒業後会社を創ることになりました。第4章では、そうした皆さんが、会社を経営するために必要な資金をどのように集めるかという「資金調達」の面からお金の流れを考えてきました。高校の文化祭で模擬店を出店するときには、クラスのみんなで必要な資金を出し合いました。あなたが地元の特産品を販売する会社を設立した時には、これまでに貯めたお金とお母さんからの出資で資金を賄いました。その後、銀行に融資を申し込んだり、ベンチャーキャピタルから出資を受けたり、株式を公開（IPO）したり、いろいろな形で必要なお金を集めてきました。

　この章では、逆に会社にお金を出す立場から、お金の流れを考えてみましょう。ところで、会社にお金を出すことを指す言葉には、資金を運用するという言葉が使われます。「運用」と

は、辞書をひくと、「うまく機能を働かせ用いること。活用。」（広辞苑）、「物の機能を生かして用いること。活用。」（大辞林）などという意味がでています。運用のほかにも、融資、出資、投資などいろいろあります。融資は資金を融通する、出資は資金を出す、投資は資金を投じるというところから来たものです。融資や、出資、投資などの言葉は、資金を使うときの特別な意味を持った言葉ですが、運用は会社にお金を出す場合以外にも使われる一般的な言葉なので、偏ったイメージを与えないように、ここでは資金の運用という言葉を使うことにします。

2. どの会社にお金を回す?

　第4章では、会社の成長段階に応じて**株式でお金を集める**、**銀行から借り入れをする**、**ベンチャーキャピタルから出資を受ける**、**株式の上場（IPO）や社債の発行など証券市場の活用**、と考えてきました。株式でお金を集めるという局面では、あなたやお父さんの他に、お母さんや叔父さん、高校時代一緒に模擬店をやった友だちなどが資金を出してくれるかもしれません。その場合、資金を運用するのは、あなたとお父さん、お母さん、叔父さん、高校時代の友人です。銀行から借り入れする場合には、資金を運用するのは銀行です。ベンチャーキャピタルから出資を受ける場合には、資金を運用するのは、もちろんベンチャーキャピタルです。株式上場後は、資金運用を行うのは投資家ということになります。

　どの局面でも、お金を出す立場から考えると、この会社にお金を出していいのかということにつきます。そして、お金を出

していいかどうかは、対象として考えている会社の、過去・現在・将来の「業績」等について「実績」と「見込み」を判断材料とします。もう少し詳しく説明しましょう。

　高校時代に一緒に模擬店をやった友達から「今度会社を創るからお金を出してくれないかな？」と誘われたら何を考えればよいでしょうか。今度創る会社がどのような業務内容なのか、必要なお金はどうするのか（自分以外に誰に頼んでいるのか）、どういう利益の見込みなのか、利益が上がったらどのように分けるのか…。そして、そもそも自分が出すお金は、貸すのか、出資するのか、などということについて、1つ1つ詳しく説明してもらうことが必要です。第4章で、銀行に相談に行ったとき、

　　「銀行ではあなたが考える会社の将来（事業計画）について詳しく質問されました。特に日々の活動に必要なお金（短期資金と呼びます）と、店舗の購入やネット販売システム構築など投資に必要なお金（長期資金と呼びます）を整理し、借りたお金をきちんと返済するスケジュールを相談した結果、無事に銀行から必要なお金を借りることができました」（第4章68ページ）

という説明がありましたね。お金を貸す場合は、あなたも銀行と同じように、将来の見込みについて詳しく聞いて判断する必要があります。これから創る会社の場合、今までがどうだったかということは判断材料にできませんので、特に慎重に考える必要があります。しかし、将来の見込みにかかわる部分なので

なかなか判断が難しいのも確かです。余談になりますが、「大学のゼミナールの後輩から出資を頼まれたときに、まさかこんなに成功するとは思っていなかったので断ったけど、応じていれば今頃は…。」というのが笑い話のようにゼミナールの仲間で語り継がれています（私は誘われていませんので、真偽のほどは不明です。）。

　すでに活動を行っている会社では、現在の状況についても判断材料になります。第3章で、企業の業績を判断する指標について説明しています。

　　「ここでまた1つ専門用語です。企業の業績を判断する指標の1つに『自己資本利益率（*Return on Equity: ROE*）』と呼ばれるものがあります。」（第3章53ページ）

でしたね。第3章では、一般的な企業のROEを判断材料にして会社経営の視点から、みんなの出し合ったお金（自己資本）に対して、どの程度の利益を上げる必要があるかを考え、そのために人をどのくらい雇うか（人件費をどのくらいに設定するか）を考える材料として説明されていました。このROEは資金を運用する立場からもとても重要です。というのは、この会社は出資した資金に対してどの程度の利益を上げているのかをみることができますので、会社の利益がそのまま出資者の儲けになるわけではありませんが、資金を出す際の重要な参考にすることができます。

　ROEの他にも第6章では、会社の経営状況を判断するための本格的な会計の数値がいろいろ出てきますが、例えば、会社

全体の最終的な儲けが売上高のどの程度の割合なのか（売上高当期純利益率）という判断指標の説明が出てきます。（第6章116ページ）

　これらの数字は、財務指標と呼ばれている、会社の業績を判断する大切な数字です。財務指標をみるということは、会社の成績表を見ているのと同じだと考えると分かり易いと思います。ということは、優秀な生徒を探すために、例えば内申書の評定平均 3.5 以上の成績の生徒を探し出すのと同じように、優秀な会社を探すためには、財務指標の数字が良い会社を選び出せばよいということに気が付くはずです。今の成績だけでなく、過去の成績がどうだったのかも参考になりますね。成績がどんどん良くなっているのか、それとも以前に比べて悪くなっているのか、今年だけとびぬけて成績がいいということも考えられます。財務指標の数字が良い会社を選び出したら、その会社が今までどれだけ頑張っているのかも調べてみるといいと思います。そして、これから創る会社と同じように、今ある会社についても将来の見込みについて詳しく知って、今の成績や今までの成績とどれだけ頑張ったかと総合して、どの会社に資金を回すのかを考えましょう[2]。

---

2)　企業の利益と出資者との儲けの関係や、ROE が企業の成長にどのように関係するのかなどについて、会社の成績（財務指標）の見方は、大学の授業では説明するのですが、ここでは説明するだけの紙面がありません。興味がわいた人は【ブックガイド】にあげた本などを参考にしてください。

3.1 年後の1万円より今日の1万円
——時間価値を考える

　ここで皆さんに問題です。「現在の1万円と1年後の1万円とでは、どちらが価値があるでしょうか。その理由とともに考えてください。」。この問題を大学生に出すと、みんなとても勉強しているので、いろいろな理由とともに答えが返ってきます。「日本の貿易収支を考えると、将来外国為替（円ドル）相場がなんたら、かんたらなので…。」、「日本は少子高齢化の進展により、将来の経済成長がどうたら、こうたらで…。」、「現在の金融政策から考えて、実質金利と名目金利の関係から、どうした、こうした…。」などなど。ここでは、わざと分からないように、「なんたら、かんたら」とか「どうたら、こうたら」、「どうした、こうした」とか書きましたが、大学生の皆さんは、もっといろいろな説明を書いてくれています。これを読んで「なんだかよく分からないけど、やはり商学というのは難しい学問なんだなぁ」と思いましたよね。

　では、質問を変えてみます。「あなたは今日1万円もらうのと1年後に1万円もらうのとでは、どちらが良いですか。」この質問だと「今日1万円もらう方がいい」という答えが圧倒的に多く返ってきます。なぜ今日1万円もらう方がいいのでしょうか、それは、1年後にもらう1万円は今日使うことはできませんが、今日1万円もらえばすぐに使えるからです。ということは、今日の1万円の方が1年後の1万円に比べて、すぐ使えるということから価値があることになります。なんだ当たり前じゃないか。その通りです。自分の良く理解できない

ことを、大切だから、という理由だけで苦労して覚えるのが学問ではないのです。それはともかくとして、**現在の1万円と1年後の1万円とを比較すると、現在の1万円の方が価値が高い**ということが分かりました。

　1年後の1万円は（今すぐ使えないので）、（今すぐ使える）現在の1万円と比べると価値が低いことが分かりました。では次の質問です。「1年後の1万円は、現在の金額ではいくらに相当するでしょうか。」。これも大学生に聞くといろいろな難しい論理とともに答えが返ってきます。でも、もう一度考えてください。1年後の1万円が現在の1万円に比べて価値が低いのは、今すぐ使えないからでしたよね。「今使えないものは価値がない、だから0円。」という考えの人もいるかもしれません。でも、1年待てば何かを買うために使えるのだから、少しは値打ちがあるかな。と考える人もいそうな気がしますが、皆さんはどうでしょう。

　この問題を考えるには、1年後に1万円もらう代わりに、今いくらもらえばいいと思うかということでしょう。ちょっとあいまいで分かりにくいので、具体的に言うと、「1年後に1万円あげるつもりだったけど、その代わりに今500円あげることにしたいのだけどどう？」と聞かれたらどうするかを考えてみてください。今すぐ使えるのは500円です。「うーん。500円なら1年買いたいものを我慢して1年後に1万円もらった方がいいよなぁ。」「今使えない1万円よりは、500円でもいいから今貰いたいなぁ。」など。今使えるのだったら、ぎりぎりのところ、いくらまで少なくてもいいですか。この金額は、今使うことにどれだけこだわっているのか、ということに左右され

ます。「とりあえず、今欲しいものもないし、ちょっとでももらう金額が少なくなるくらいなら1年後に1万円もらった方がいいな。」なのか、「今すぐ自動販売機で飲み物買うのに使いたいから150円でもいいから今すぐ欲しい。」なのか、…という違いですね。これは人によって、また同じ人でもその時の状況によって感じ方が違うので、いろいろです。これは「時間選好率」と呼ばれていて、商学の大切な考え方の1つです。

　でも、「人によって違う」とか、「同じ人でもその時の状況によって違う」ということだと、大切かもしれないけど、ちょっと使いにくい概念ですよね。ここで、少し視点を変えてみましょう。自分がどう思うかではなくて、もう少し客観的な視点です。1年後の1万円が今の1万円より価値が低いのは、1年後の1万円は今使えないからでしたね。では、1年後の1万円を今使えるようにしてはどうでしょう。もちろん1年後の1万円は、今すぐ使うことはできないので、「あたかも今使えるようにするには」という意味です。そのための1つの方法は、1年後に1万円もらえるなら、それをあてにして1年後に1万円返すという約束でお金を借りてはどうでしょう。お金を借りれば今使えますよね。1年後にもらえる1万円を借りたお金を返すことに使えば、そのお金は何かを買うために使えなくなりますが、その代わり今使えるお金ができます。いくらできるでしょうか。それは、1年後に1万円を返す約束でお金を借りるとき、いくら借りることができるかによります。

　さて1年後に1万円を返すという約束で、いくら貸してもらえるでしょうか。「友達に頼んでも誰も貸してくれそうにないなぁ。親に頼めば1万円貸してくれるかも。あとTV CMで

よく見る会社で高校生にも貸してもらえないかな。…」さあ、いくら借りることができるでしょうか。CM でよく見る会社は、1 年後に 1 万円返すのでという条件の場合、今日 1 万円を貸してくれることはたぶん**ない**ということは予想できますね。

　以上のことから、将来の収益金額などを考える場合には、その金額を単純に比較するのではなく、その金額が出入りする時点の違いについても考慮に入れたうえで比較検討することが大切だということが分かります。特に、ずっと先を見据えた計画の場合には注意が必要です。

4. リスクは危険?——リスクとリターン

　中央高校 3 年 C 組の模擬店にクラスみんなでお金を出す。友人が飲食店を行うことになったのでお金を出すことになった、アパート経営、不動産投資などなど、資金の運用にはいろいろな方法があります。

　しかし、資金運用は多くの場合、確実に決まった収益が得られるものではありません。「投資にはリスクがつきもの」という表現を聞いたことがある人もいるかと思います。投資という言葉を使うかどうかは別としても、資金を運用する際には、リスクに備えなければなりません。

　以下の A 案、B 案、C 案という 3 つの資金運用案についての収益状況を示した図表を比べてみてください。どのタイプも運用金額は 100 万円です。どの図表も、横軸が時間の経過を、縦軸が毎月の収益額を示していて、それぞれの案に 100 万円の資金を出した場合に、毎月の収益額がどのように推移するか

を図にしたものです。これらの図表を見て、皆さんはどのようなことを感じますか。

　A案は、毎月3千円の収益を中心として収益が上下する案件です。図表2に示されている収益の推移をみると、9か月目に収益がゼロになることを別にすれば毎月の収益はプラス、つまり損をしない案です。損はしないのですが、収益は一定していなくて、最高で6千円、最低だと0円で、3千円を中心に上がったり下がったりするという状況であることが分かります。

　B案は、図表3をみるとマイナスになる月が10か月あります（○を付けている部分）。B案の収益は、ゼロを中心に上下していて、収益は最高で3千円、最低でマイナス3千円（3千円の損失）A案と上下の振れ幅は同じです。

　C案は、図表4をみると収益がプラスになるのは、9か月目の500円の1か月だけです。（○を付けている部分）。そのほかの月はすべてマイナス（損失が発生）一番大きな損失は2千500

図表2　A案

収益水準（単位：千円）

時間（単位：月）

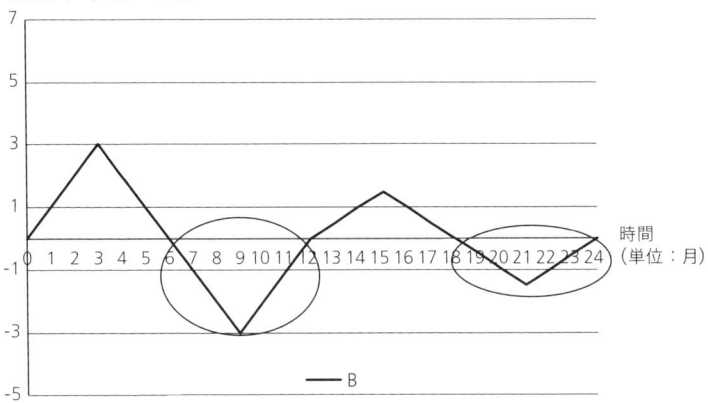

図表3　B案

収益水準（単位：千円）

図表4　C案

収益水準（単位：千円）

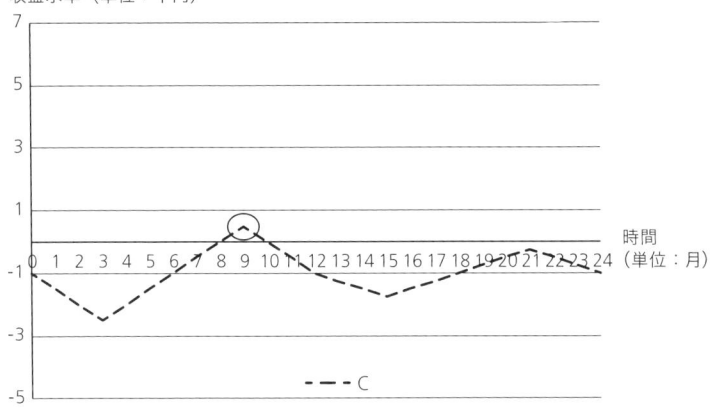

円ですから、変動の上下幅は3千円です。

　以上のことから考えると、A案は損をしないことからリスクのない運用で、B案やC案は損をすることがあるためリスクのある運用だということになるでしょうか。皆さんは誤解してい

るかもしれませんが、実は、リスクとは損をすることではありません。リクス＝危険＝損失と言った連想ゲームから、リスクというのは損をすることという誤解が多いようですが、リスクの本当の意味は「思い描いた通りにならないこと」です。運用は収益を目的にして行われますから、運用においてのリスクは、収益が予定通り推移しないこと、収益のブレということになります。したがって、図表2のA案も図表3のB案も、図表4のC案もリスクのある運用案なのです。その中で、A案とB案とでは（中心となっている収益の水準は違いますが）収益のブレ方が同じです。したがって、この2つの案のリスクの程度は同じであるということができます。これに対して、C案はほとんどの月で損失が生じていますが、損失のブレ方はA案やB案と比べると小さいことが分かります。したがって、A案、B案と比べ、C案はリスクの小さい案件だということができます。

　なんだか釈然としない気持ちを感じている人も多いと思います。それももっともなことで、ここでは、リスクのことだけしか話していません。資金運用においては、収益のブレ方だけが重要なのではなく、どれだけ儲けが見込まれるかということも重要です。見込まれる収益の水準はどうでしょうか。A案は3千円、B案は0円、C案は500円の損失（マイナス500円の収益）です。運用に対して、どの程度の収益が見込まれるかを考えることは、基本中の基本です。リスクほど一般的ではありませんが、見込まれる収益のことをリターンと呼んでいます。

　図表5〜図表6は、それぞれ図表2〜図表4に示されていたA案、B案、C案の収益性を、皆さんが中学の時に習ったヒストグラムで表したものです。資金運用のリターンとリスクとの

関係を分かり易く表すために、ヒストグラムもよく利用されます。それぞれの図表の横軸は、それぞれの案に資金を回した場合に想定される収益金額をマイナス4千円から7千円までの範囲を千円刻みで、縦軸はその収益になると想定される回数を示しています。たとえば、図表5ではA案の収益が0円から千円までとなるのが1回、千円から2千円の回数が3回、…、6千円から7千円となるのが1回となることが想定されることを示しています。このヒストグラムの山の中心が見込まれる収益で[3]、山のすそ野の広がりが収益のブレを表しています。

同様にして、図表6はB案、図表7はC案の収益性をヒストグラムにしています。図表5と図表6を比較すると、図表5

図表5　A案の収益と見込まれる回数

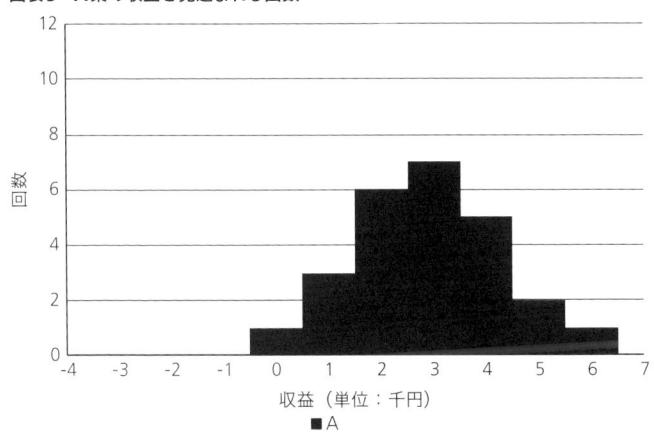

収益（単位：千円）
■A

3)　山の中心と書きましたが、これも中学で習ったように、中心の表し方は、山の左右の真ん中（中央値）、山の一番高いところ（最頻値）、そして平均値の3種類があります。ここの3つの案はどの真ん中も同じなので、ご心配なく。

と同じ形の山が図表6では左に寄って描かれています。つまり、A案とB案とでは見込まれる収益（リターン）を比べるとA案の方が大きく、それぞれの見込まれる収益からの散らばり具合（リスク）は同じであることが分かります。

図表6　B案の収益と見込まれる回数

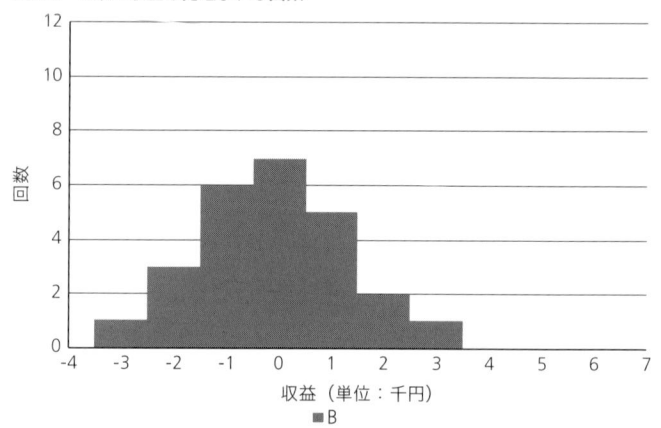

図表7　C案の収益と見込まれる回数

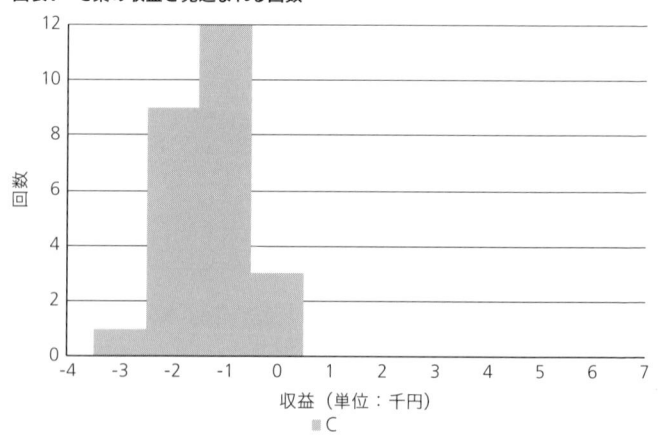

一方、図表7は、図表5や図表6と比べると、見込まれる収益は小さく、想定される収益は集中していることが分かります。

　以上をまとめると、見込まれる収益（リターン）の大きさはA案＞B案＞C案という順で、見込まれる収益からの散らばり

■ コラム（ケインズの美人投票）

　イギリスの著名な経済学者のケインズ（John Maynard Keynes 1883～1946年）は、株式投資の本質を美人投票に例えて説明しました。ケインズの美人投票と呼ばれています。皆さんご存知の通常の美人投票は、審査員が数名いて、その審査員がそれぞれの判断基準でふさわしい候補者を選ぶものです。一方ケインズの美人投票は、新聞紙上に掲載された100人の候補者から、読者がこれぞと思う候補に投票するというもので、美人投票でトップに選ばれた候補に投票した人にも賞品が与えられるというものです。この場合、自分が誰を美人だと思うかではなく、他の人がだれに投票するかを予想し、一番票が集まりそうな候補に投票を行うと考えられます。自分は、この候補が美人だと思うけれど、ほかの人たちは違った候補に投票すると考えれば、賞品のためにはトップになりそうな候補に投票しようとするでしょう。

　株式投資の際の「市場予想」などという言葉に近いものと考えてもよいでしょう。大切なのは自分がどう考えるかではなく、「市場の予想」なのです。ネガティブ・サプライズが問題となるのは、こうした美人投票の状況の場合です。個人投資家は、予想以上の収益が生じたときには無頓着で、収益が予想を下回ったときはちょっとがっかり、しかし損失には異常にこだわるというパターンがよくみられます。投資を行う際には、自分でよく考えて判断を下すことが大切ですが、将来のことを考えて判断するわけですから、思い通りにならないのが当たり前です。想定したよりもいいことが起こった時も「ラッキー」で済ますことなく、悪かった時も慌てふためくことなく、ネガティブ・サプライズに対して次のステップとしてどのような判断をするかが大切です。

（リスク）はＡ案＝Ｂ案＞Ｃ案という関係にあることが分かります。

5. ノイズキャンセリング・ヘッドフォンの話
——リスクを減らそう

　ノイズキャンセリング・ヘッドフォンというのを知っていますか。周囲の雑音を消して、音楽に集中できる優れものの道具です。ノイズキャンセリング・ヘッドフォンには、従来のヘッドフォンと違い、周りの音をキャッチするためのマイクがついています。このマイクでキャッチした騒音をもとに、それを打ち消す音（キャンセリング・サウンド）を作って、音楽と一緒に流す仕組みになっています。そうすることによって、騒音とキャンセリング・サウンドが合わさって無音状態ができ上がり、音楽だけが聞こえるというわけです。これをイメージ図にしたものが以下の図表です。それぞれの図表で、横軸は時間の経過を、縦軸は音の水準を示しています。

　図表8はノイズ（騒音）です。例えば飛行機に乗っているときの「ゴー」というような音をイメージしてください。ノイズの英語から記号（N）で表すことにしましょう。図表8は説明のために、実際の音の波を簡単に表したものですが、「ゴー」という音も、一定の音の水準ではなく、時間とともに音の水準が波のように変化しています。

　図表9はノイズをマイクで拾って処理した、ノイズと反対の波形の音です。キャンセリング・サウンドと呼ばれています。キャンセリング・サウンドの英語から記号（CS）で表すこ

とにしましょう。CS の数字は N の数字と同じ数字で符号が反対（N がプラスなら CS はマイナス、N がマイナスなら CS はプラス）です。

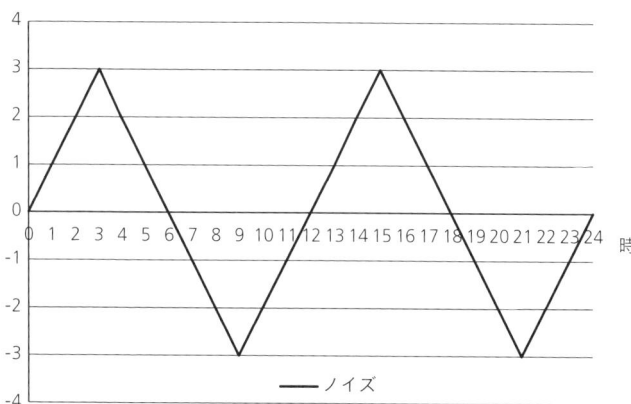

図表8　ノイズ（N）
音の水準

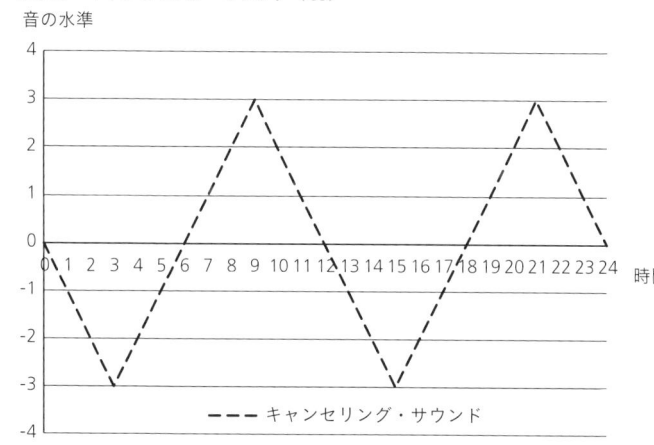

図表9　キャンセリング・サウンド（CS）
音の水準

ここで、ノイズとキャンセリング・サウンドの両方の音の波を重ねるとどうなるでしょうか。図表 10 は、2 つの音の波を重ねた様子です。重ねた波は、同じ時間での N の数字と CS の数字を合計したものになります。こうしてノイズをキャンセリング・サウンドが打ち消して、実質的に無音状態を作ることができます。この状態で音楽を流せば、騒音のない音楽だけの状態ができあがります。物理の先生なら、もう少し気の利いた説明をしてくれるかもしれませんが、ここは大雑把なイメージがわけばいいので、この程度の説明で "良し" としてください。

　さて、ノイズキャンセリング・ヘッドフォンの仕組みが理解できたところで、先に出てきた A 案（図表 2）、B 案（図表 3）、C 案（図表 4）の 3 つの案を使って、資金運用の例で考えてみることにしましょう。どのタイプも運用金額は 100 万円でした。

　図表 4 に示されているのは C 案で 100 万円の資金を運用し

図表 10　合成した音（N ＋ CS）

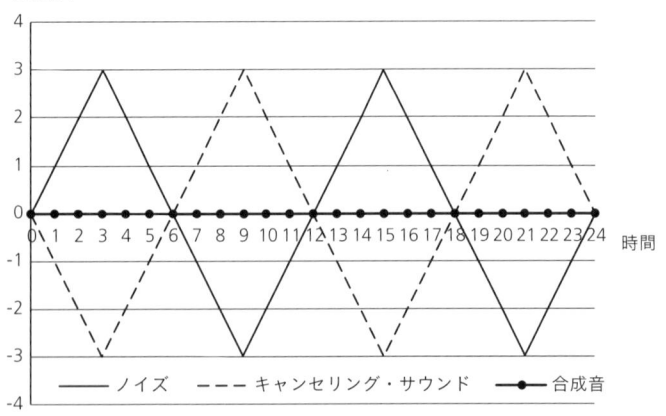

た場合の収益でしたが、ここで、C案で200万円の資金を運用した場合を考えてみましょう。200万円運用する場合には収益は100万円の運用の2倍になりますから[4]、図表4の関係をもとにこの場合の収益の推移の図を重ねると、図表11のようになるはずです。図表11でCと示している線が図表4で示した100万円の運用の場合の収益、C×2として示している少し細い点線が200万円の運用の場合の収益です。2倍の収益金額になりますから、変動幅も大きくなっています。

　さてA案の場合の収益金額のグラフである図表2と重ねて

図表11　C案で200万円運用する場合

収益水準（単位：千円）

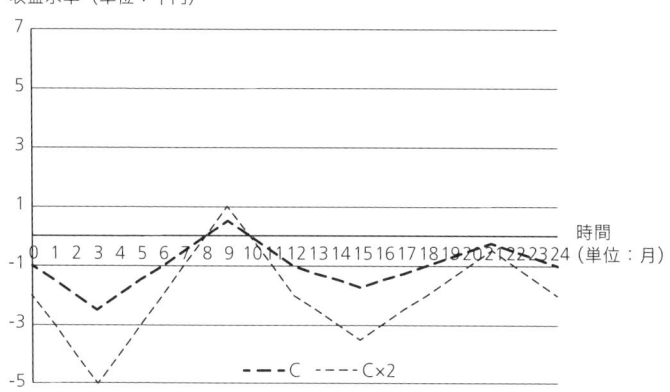

<hr />

4）　200万円の運用をした場合の収益が100万円運用した場合の収益の倍になるとは限らないじゃないの、と考えた人がいるかもしれません。確かに実際の資金運用の場合、運用する金額が変わると収益金額が変わる場合も考えられます。ただ、そのことを気にしなければならいのは、限られた状況であること、あれもこれも考えるのではなく、本質的なことに焦点を絞って考えることが大切なので、ここでは収益金は運用金額に比例して変化する場合を考えてください。

みましょう。図表12がその結果です。実線で示しているのがA案の運用収益金額、点線で示しているのがC案200万円の運用収益金額の推移です（以下の説明では、C案で200万円の資金を運用した場合を、「C案×2」と簡単に書くことにします。）。そして、両者を合計した水準を表すのが▲のついた実線です。このグラフからわかるように、A案の（100万円の）運用と、C案×2の運用の合計300万円の場合、常に安定して1千円の収益が得られています。スタート時点では、A案の3千円の収益とC案×2の2千円の損失の合計で1千円の収益が上がっています。そこから1か月後はA案の4千円の収益とC案×2の3千円の損失の合計で1千円の収益、2か月目はA案5千円の収益とC案×2の4千円損失で1千円の収益になります。その後もグラフを見てもらえば分かりますが、A案の運用収益が3千円を上回る時には、A案の運用収益の上昇と同じ金額だけC案×2の損失は拡大しています。逆にA案の運用収益が3千

図表12　A案100万円とC案200万円の運用成果

収益水準（単位：千円）

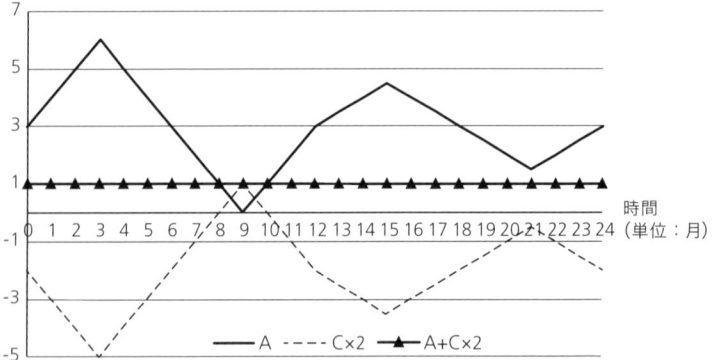

円を下回る時には、A案の運用収益の減少と同じ金額だけC案×2の損失は縮小しています。こうすることで、全体の運用収益を常に1千円に維持することができます。

　このようにして、ノイズキャンセリング・ヘッドフォンが音の波を消したのと同様、収益の変動をなくすことができます。ノイズキャンセリング・ヘッドフォンとの違いは、無音（ゼロ）になるのではなく、一定の収益が確保されているところでしょう。ノイズキャンセリング・ヘッドフォンの仕組みは、騒音を打ち消す（逆位相の）キャンセリング・サウンドを作り出すことにありました。資金運用の場合には、例えばA案の収益の変動を打ち消すような（逆位相の）収益の変動を人工的に作り出すことはできません。しかし、運用先の候補の中からここでみたC案のようにA案の収益の変動を打ち消すことができる

■ コラム（ESG投資とSDGs）

　ESG投資とは、英語で、環境（Environment）と、社会（Social）、企業統治（Governance）の頭文字を並べた言葉であるESGという3つの要素に配慮した投資のことです。世界各国で広がる環境破壊や、労働者を酷使する人権問題。こうした問題に対応しようとした投資が「ESG投資」です。「環境・社会・ガバナンス」に力を入れる企業への投資が急増する一方で、「十分に配慮していない」と見なされた企業からは資金が引き揚げられることを通じて、ESGという3つの要素に配慮した企業活動を推進しようとするかが得方です。

　ESG投資と似た取り組みとしてSDGsがあります。国連は「持続可能な開発のための2030アジェンダ」を採択し、先進国を含む国際社会全体の持続可能な開発目標（SDGs）として、2030年を期限とする17の目標と169のターゲットを定め、あらゆる形態の貧困に終止符を打ち、不平等と闘い、気候変動に対処するための取組みを進めています。SDGsの達成に向けた投資の取組みも行われています。

ような運用を見つけることができれば、安定した収益を確保することができます。C案は、それだけみるとほとんど損失ばかりの案件ですが、A案と組み合わせることで安定した運用が可能になることは、ぜひ覚えておいてください。

【ブックガイド】

・ 藤木裕『入門テキスト 金融の基礎』（東洋経済新報社、2016年）

中央大学商学部スタンダード科目のマネー＆ファイナンス入門の教科書です。本書の内容を範囲を広げて、より詳しく解説しています。

・ 竹内健蔵『あなたの人生は「選ばなかったこと」で決まる』（日本経済新聞出版社、2017年）

機会費用という概念を使って意思決定の判断基準を解説している書籍です。第6章では、公共投資の判断基準を今手元にお金をもっている投資家の立場から解説しています。

【研究課題】

❶あなたなら中央高校3年C組の模擬店に出資しますか？　出資するためには、どのような条件を考えればよいですか。

❷投資の格言に「すべての卵を同じ籠に入れるな」というものがあります。この格言はどのような意味か考えてみましょう。さらには、経営における「選択と集中」という言葉との関連で何が分かるか考えてみよう。

❸資金運用には、この章で説明したもの以外にもいろいろな方法があります。どのような方法があるか調べてみま

しょう。まずは、どのようにして調べるかも大切ですので、しらべる方法もよく考えてから調べ始めてください。調べた結果をクラスで発表しあって、みんなで一緒にこの章の説明と照らし合わせて考えてみましょう。

第6章　企業の成績を見てみよう!
——ビジネスにおける会計の役割

1. 会計って地味じゃね?

　ビジネスの中でも会計は電卓でお金の計算をして書類に記録するのが主な仕事で、地味な領域と思うかもしれません。誤解を恐れずにいえば、会計で勉強することはおこづかい帳や家計簿をつけて、集計した数字を活用するという流れを企業に置き換えたものです。私も大学教員になる前は、会計の現場で働いていたことがあり、実際に地味な面もあります。ところが、家計簿ならばつける・つけないはその人の自由ですが、企業では会計帳簿の記録を行い、集計結果を必要な人が見られるように公表することが法律で義務付けられています（会社法第432条1項、440条など）。そして、企業の会計に関する専門家として公認会計士や税理士といった国家資格まであり、大学を卒業して一般企業で働いている人の平均よりも高い給料を貰えます。では、なぜ法律上の義務とされたり、国家資格があるほど、企業の会計は重要なのでしょうか？

2. ある日の出来事1——会計の重要性

母：これからはグローバル化の時代だから、英語の勉強をしなきゃね。

子：え〜、英語は大切かもしれないけど、勉強なんてしたくないよー！

母：海外旅行へ行くときに英語が話せたら、もっと楽しめるわよ。

子：それじゃ、たくさん旅行に連れてってくれるならちょっと勉強してもいいよ。

母：この英会話学校はどうかしら。2駅となりの駅前にあって通いやすいし、講座料の50万円を一括前払すれば、少し割引されるのね。

子：(50万円もするの！　それならおこづかいを増やしてよ……)

父：さっき、テレビでその英会話学校が潰れたっていってたぞ。

　これと似たような話として、この原稿を書いている最近（2017 〜 2018年現在）も、お客さんが代金を前払いしていた旅行業者が倒産したニュースや、振袖の販売やレンタルを行っていた業者が成人式の日に休業して新成人が振袖を着ることができず、その後に倒産したというニュースがありました。また、過去に遡れば、日本の航空業界でツートップの一角である日本航空（JAL）も過去に倒産を経験しています。

　もし、自分がお金を前払いしていた企業が倒産したらどうなるのでしょうか。日本航空のケースでは営業を継続して経営を再建したため、利用客は倒産の影響を大きく受けることなく支払った代金のサービスを受けられることができました。しかし、さきほどの旅行業者や振袖業者の場合は、お金を払ったのに品物やサービスを受けられず泣き寝入りというケースもあったようです。自分の勤めている企業の倒産であれば、給料の支

払いがストップしてそのまま解雇となる可能性があります。また、ある企業（A社）が倒産すると、そこに製品を販売していた企業（B社）が代金を回収できなくなり、さらにB社が原材料の仕入先である企業（C社）へ原材料の仕入代金を支払えず……という流れで、A社だけではなくB社やC社も連鎖倒産してしまうことがあります（図表1）。そこで、あらかじめ企業の経営状態を知ることができれば、代金の前払いを求めることや取引そのものをやめたり、自分の勤め先なら転職先を探すなどの行動を早めにとることで、自分の被害を最小限に抑えることができます。

　倒産とは逆で、もし勤め先の業績が良ければ給料がアップして転職しない方がよいことになりますし、A社の業績が良ければ、B社からA社への売上が増えて代金回収も滞りなく行われ、さらにC社にも波及するというように、悪い連鎖ではなく良い連鎖が生じます。そして、会計情報により相手先の経営

図表1　連鎖倒産の図

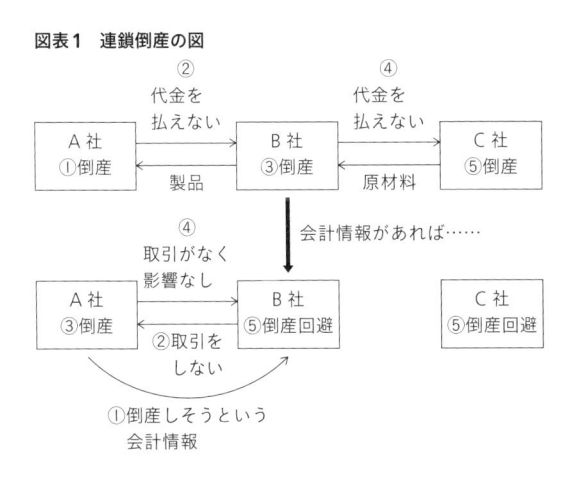

状態を知ることで安心して取引を行うことができれば、悪い連鎖を止めるだけではなく良い連鎖が続き、経済全体の発展にもつながります。さらに、ここ数年は日本企業の業績が比較的良いことから、企業が給料を上げれば個人の消費が増えてさらに企業の売上が増えて日本の景気が良くなることを狙って、日本政府が主に大企業に対して賃上げを要請しています。そして、企業が倒産することはないか、もしくは業績が良いのかを記録・集計して報告するのが経理の仕事であり、会計の領域です。このように考えると、家計簿は家庭でおカネのやり繰り程度にしか使用されませんが、企業の会計は経済の発展に不可欠な社会インフラであり、時として政府の政策判断にも波及するほど重要で、無くてはならないものといえるでしょう。

3. ある日の出来事 2——企業にとっての必要性

母：安心して通える英会話学校が見つかってよかったわね。

子：英会話学校はいいんだけど、そんなに家にお金があるなら
　　おこづかいを増やしてよ。

母：なに贅沢言ってるのよ。ちゃんと毎月あげてるでしょ！

子：えー、英会話学校に行く時間でバイトを減らしたし、電車
　　代もかかるからお金が足りないよ。

母：電車代っていったって、すぐ近くなんだから大したことな
　　いでしょ。おこづかいを上げてほしいなら1か月で何に
　　どれくらいお金を使ってるかちゃんと教えてよ。

　さきほどの例は、会計がお客さん、従業員、取引先、政府に

とって重要であることを示すものでしたが、会計はおこづかい帳や家計簿と同様に、自分の企業にとっても極めて重要な情報となります。

　自分の企業のビジネスをうまく回していくためには、どうしてもお金が必要です。そして、世の中で経営者と呼ばれる人は、経営能力とお金の両方をもっている人ばかりではなく、アイディア・知識・経験があってもそれを活かす十分なおカネをもっていない人も多くいます。そこで、おカネをもっている人から融通してもらわなければなりません（この融通を中心に扱うのが金融であり、第4・5章で詳しく説明されています）。さきほどの会話では、子が何にお金を使っているのか、そしておこづかいを増やす必要性をちゃんと説明できれば母もおこづかいを増やしても良いスタンスでしたが、ビジネスでも同じです。すなわち、自分の企業の経営状態が良いこと、お金の必要性、お金の出し手のメリット（利息など）を会計数値によって説明することにより納得させることができれば、必要なお金を低い金利など有利な条件で融通してもらうことができます。

　それでは、経営状態の悪い企業はどうなるかというと、良い企業と比べると相対的に不利な条件でしか資金調達できないことになってしまいます。ただ、経営状態が悪いからといって会計数値を一切示さないと、こんどは資金の出し手に信用してもらえず、そもそもお金を出してくれる人が誰もいないか、極めて不利な条件でしかお金を集めることができなくなります。資金を出してもらうためには、自分の企業が扱っている商品や技術の魅力・将来性を示すことも重要ですが、それだけではなく実際の経営状態を示す数値として会計情報も必要になるわけで

す。

　また、なにも外部関係者に経営状態を示すだけでなく、経営者が自分の企業の経営状態を把握するためにも会計情報が必要となります。ビジネスの規模がごく小規模ならば、おこづかい帳や家計簿が必須ではないのと同様に、経営者は会計情報を見なくてもお財布や預金通帳を眺めるだけで経営状態をある程度は把握できるかもしれません。ただ、家計簿と同様に、しっかり記録した方がどこに無駄遣いがあるのか明確にすることができるでしょう。そして、規模が大きくなって店舗や取り扱う商品の品数も増えてくると、もはや適切な記録・集計を行っておかないと、どの店舗・商品の売れ行きが良いのかを把握できなくなってしまいます。そうなると、現在の経営状態が分からず闇雲に経営方針やマーケティング戦略を決定しなければならず、失敗してしまうのは明らかです。そのため、ビジネスを成功させるためには会計数値をしっかりと把握し、その数値を分析することが絶対条件です。

4. 会計帳簿の仕組み

　ここまで、会計の必要性を説明してきたわけですが、これは企業自体（経理担当者）が毎日の取引を帳簿に記録し、集計することで作成されます。そして、ルールに従った帳簿への記録のことを特に「簿記」（bookkeeping）と呼んでいます。

　簿記の基本的なルールの起源は諸説ありますが、世界で最初の株式会社である東インド会社の設立よりも古く、15 世紀末に書かれた数学書の中に説明の記載が見られます。この数学書を

書いたのはルカ・パチョーリという人で、あの有名なモナ・リザを描いたレオナルド・ダ・ヴィンチとも親交があったといわれています。そして数百年の時を経て、基本的な簿記の原理は現在に至るまで踏襲されています。このように見ると、簿記や経理の仕事にもロマンを感じないでしょうか！

　簿記の原理が数百年引き継がれているとはいっても、記録に用いるツールは IT 技術の発達によりここ数十年で大きく変化しています。「会計帳簿」を文字どおり紙の帳簿にすべて記録して集計を行うことになると一定規模の企業では非常に手間と労力がかかります。そこで、PC などにデータを入力して自動で集計するわけですが、現在ではレシートをスキャンするだけで入力もできるようになりつつあります。そうなると、将来は経理の仕事が減ることも予想されますが、もはやビジネスにおいて会計の知識も不要になるかというと、そうでもありません。基本原理が数百年変わらず、レシートから入力できるとしても、基本原理を知らなければ集計された会計数値が何を意味しているのか分からず、企業の分析をすることができないでしょう。そこで、次に簡単に会計の仕組みを見ることにします。

5. お金だけではない会計

　簿記では、取引を必ず資産、負債、純資産、収益、費用の 5 つの要素に分解します。そして、それぞれの要素について次の関係が成り立ちます。

　　①　現在の資産 − 現在の負債 ＝ 現在の純資産

　　②　1 年間の収益 − 1 年間の費用 ＝ 1 年間の利益

（1年間の始まりと終わりは企業が自分で決められますが、4月始まり3月終わりが多いです。）

　①は純資産の定義式であり、プラスの財産である資産からマイナスの財産である負債を引いた残りを純資産と呼んでいます。次に②は、商品などの売上である収益から、売った商品の仕入値や人件費などの費用を引くことで、儲けである利益が計算されます。

　ここでポイントになってくるのは、おこづかい帳や家計簿では必ず出てくる現金や預金が式に出てこないことです。カンのいい人はすぐ気づくと思いますが、現金や預金は①式の資産に含まれています。家計簿は日々の家計の資金繰りを把握するのが主な目的ですので現金や預金を記録すれば良く、普通は自動車や家などの財産は記録しません。しかし、企業では商品を仕入れて販売したり、販売するための店舗、製品を作るための工場なども把握しなければなりません。また、企業間の取引は金額も大きく件数も多くなります。そこで、商品の販売と同時に代金を現金でやり取りするのではなく、例えば1か月分の取引を集計して決められた期限までに銀行振込で支払うツケ払いをします（これを掛取引とよんでいます）。そして、もしツケにしたうえで代金を受取る前に取引先が倒産してしまうと代金を回収できなくなってしまいます。そのため、ツケの未収代金の増減を記録したうえで、相手の会計情報を見て倒産により回収できなくなるリスクを管理しなければなりません。このように、現金や預金に限定せず、商品、店舗・工場（建物、土地、備品）やツケの未収代金（売掛金とよんでいます）をひっくるめて資産として記録することになります。

そして、②式でも現金や預金が出てきません。例えば今年度の2月にメーカーから商品を100円でツケで仕入れ、3月に店舗でお客さんに150円で販売して代金を受け取り、年度をまたいで4月に仕入代金100円をメーカーへ払っていたらどうなるでしょうか？　もし家計簿と同じように現金や預金の増減だけを記録することになると、次のように1年目は大きな黒字、逆に2年目は大きな赤字となってしまいます。これでは、企業の商品売買による業績を適切に把握することができません。

　　1年目：収益（売上）150 － 費用 0 ＝ 利益 150

　　2年目：収益 0 － 費用（仕入代金支払）100 ＝ 利益 － 100

　そのため、現金や預金の増減が生じた時に限らず、モノ（商品）が動いたときに収益や費用を記録します。こうすることで、商品を販売したという活動とその成果を捉えた会計情報を導くことができます。

　　1年目：収益（売上）150

　　　　　 － 費用（引き渡した商品の原価）100 ＝ 利益 50

　　2年目：収益 0 － 費用 0 ＝ 利益 0

　さて、①と②が簿記・会計の基本的な式となりますが、実は2つの式を結びつけるもう1つ重要な式があります。

　　③　1年後の純資産 － 現在の純資産 ＝ 1年間の利益

　この式の1年間の利益と②式の1年間の利益は同じ金額となります。さきほどの100円で仕入れた商品を150円で販売した場合は、資産（商品）100円の減少と資産（現金）150円の増加により、差し引き純資産が50円増えています。そこで、②式の利益50円と③式の利益50円が一致します。

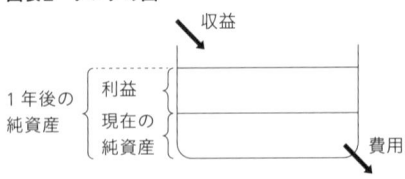

図表2　タンクの図

　この関係は、水を貯める場所の水位で説明されます（図表2）。1年間のタンクの水位変化を利益とした場合、次の2つの方法で利益を計算できます。1つめは②式の見方で、タンクに入れた水の量を収益、排出した水の量を費用としたときに、それぞれの量を測っておいて差し引けば水位の増加である利益となります。もう1つの方法は③式の見方で、現在の水位を現在の純資産、1年後の水位を1年後の純資産としたときに、1年後の水位の目盛りから現在の水位の目盛りを差し引けば、同じく利益を計算できます。

　この本では分量が限られているため、これ以降は主に②式の観点から会計を見ていくことにします。

6. 実際の企業の利益を見てみよう

　会計の基本式を確認したところで、実際の企業の②式を示す表を見てみましょう。図表3は牛めしのチェーンを展開している（株）松屋フーズの損益計算書（PL）であり、収益と費用の一覧から利益を計算している表です。金額についているカンマは英語の数字の数え方と同じで、3桁ごとになっています。

　さて、式を理解しても複雑な企業活動を表すには複雑な表が

図表3　松屋フーズPL

（単位:千円）

	前連結会計年度 （自　平成27年4月1日 至　平成28年3月31日）	当連結会計年度 （自　平成28年4月1日 至　平成29年3月31日）
売上高	83,947,941	89,039,270
売上原価	27,527,633	28,229,544
売上総利益	56,420,308	60,809,725
販売費及び一般管理費	52,734,449	55,978,232
営業利益	3,685,858	4,831,493
営業外収益		
受取利息	32,368	27,538
受取配当金	1,227	1,227
受取賃貸料	270,073	265,884
協賛金収入	35,073	129,453
その他	156,165	177,007
営業外収益合計	494,907	601,111
営業外費用		
支払利息	119,297	84,351
賃貸費用	225,056	237,193
その他	65,367	47,609
営業外費用合計	409,721	369,154
経常利益	3,771,043	5,063,450
特別利益		
固定資産売却益	1,192	685
固定資産受贈益	24,780	−
受取保険金	9,809	−
収用補償金	−	14,328
受取補償金	7,528	4,546
その他	−	977
特別利益合計	43,309	20,537
特別損失		
固定資産売却損	5,005	16,720
固定資産除却損	19,052	28,344
店舗閉鎖損失	53,809	41,035
減損損失	448,558	145,102
和解金	23,448	27,531
その他	−	4,334
特別損失合計	549,874	263,069
税金等調整前当期純利益	3,264,478	4,820,918
法人税、住民税及び事業税	1,687,226	1,910,308
法人税等調整額	△42,118	73,719
法人税等合計	1,645,107	1,984,027
当期純利益	1,619,371	2,836,890
親会社株主に帰属する当期純利益	1,619,371	2,836,890

（第42期有価証券報告書より）

必要となり、いきなり図表3を見てもどこから業績が良いのかどうか分からないと思います。そこで、まず重要な金額として一番上が売上高となっており、ここから平成28年度（2017年3月期）の牛めしなどの売上合計が約890億円であることが分かります。そして、一番下の当期純利益もしくは親会社株主に帰属する当期純利益が企業全体の最終的な儲けであり、約28億円です（この「親会社株主に帰属する」の意味は難しいため、無視してください）。そのため、たくさん牛丼が売れても、実は儲けの利益は売上のうち3％を超える程度（28億円÷890億円）ということが分かります。この比率（売上高当期純利益率）を見てしまうと儲けの割合がとても低いように見えますが、実は多くの企業でこの比率は5％以下であり、3％台が決して低いわけではありません。

　もう1つ簡単な分析を行うと、松屋といえば比較的リーズナブルな値段設定のイメージですが、実は設定されている値段のうち牛肉やお米といった食材などの原価は約31％だけです。売上高の次の行にある売上原価という数字が食材などの原価にあたるものですので、売上原価を売上高で割ると31％が計算できます。そして、原価が約31％ということは、逆に見ると売上から原価を引いた利益の割合が69％ということになります。ただ、さきほどの売上高に対する最終の利益の割合が3％台であることを思い出してください。どの飲食店でも食材などの原価だけではなく、アルバイトを含む従業員の給料や店舗の維持管理費が必要であり、税金もかかります。そのため、売上から食材費だけを引くと69％も残りますが、残りのすべての費用を差し引くと3％が最終的なもうけになります。その

ため、売上に占める食材費等の原価が 31% というのも決して低い数字ではないということがいえます。

　松屋フーズとは業種が異なりますが、同じようにリーズナブルな価格設定で展開している企業としてドラッグストアのマツキヨ（㈱マツモトキヨシホールディングス）の数字も簡単に見ておきましょう。松屋と同じようにマツキヨも売上高に占める売上原価の割合を見ると約 70%（売上原価 376,848 百万円÷売上高 535,133 百万円、2017 年 3 月期）であり、松屋の倍以上です（図表4）。両社ともにリーズナブルで庶民の味方ですが、やっているビジネスによって原価にどれくらい上乗せして販売するか、全く異なります。飲食店の場合は、食材をそのまま販売するのではなく調理が必要なため、さきほども説明したとおり調理に必要なアルバイトの賃金なども考慮して価格を決定する必要があります。それに対し、マツキヨの場合は仕入れてきた化粧品、医薬品、日用品などを加工することなく店頭に並べて販売します。よって、マツキヨもアルバイト店員の賃金などが必要かもしれませんが、調理の手間がない分だけ松屋よりも小さい割合で済むものと思われます。そのため、なるべくお客さんに買ってもらえるように仕入れの原価に対して販売価格を低く設定した結果、原価の割合が 70% と高い水準となっています。さらに興味深いことに、松屋とマツキヨはいずれも売上高に対する最終的な利益の割合が 3% 台（マツキヨは当期純利益 20,119 百万円÷売上高 535,133 百万円）です。タネ明かしをすると、あえて割合が近い 2 社を意図的に選んだわけですが、最終的な儲けの割合がほとんど同じ企業であっても、どこにお金（費用）をかけているかは企業によって全く異なることが分かると思います。

	松　屋	マツキヨ	意　　味
売上原価÷売上高	31%	70%	売上100円あたりの原価
当期純利益÷売上高	3.1%	3.8%	売上100円あたりの最終的な儲け

　このように、収益（売上高）と利益、およびその内訳を見ると、企業の経営状態の良し悪しが分かりますが、さらに企業の経営方針やビジネスモデルを読み解くことができます。

7. ある日の出来事3——粉飾決算

母：ちゃんと1か月分のおこづかい帳をつけた？

子：うん、できたよ。学校でパソコンの Excel の使い方も教わったから、使った内訳に集計してみたよ。

母：思ったよりちゃんとできてるじゃない。どれどれ、おこづかいとして渡した 20,000 円とバイトで稼いだのが 23,150 円ね。それを、高校の定期代も含めて交通費 10,250 円、お昼の食費が 10,200 円、英語の勉強の本が 7,000 円、友達と遊びに行って 14,500 円で、残っている現金が 1,200 円ね。

子：今月はカラオケに行ったり、遊園地にも行ったから。これでもバイトが減った分を節約したんだよ。

母：しょうがないわね。お父さん、英語の本を買って勉強も頑張ってるようだし 5,000 円増やしてもいいかしら？

父：5,000 円も！　その前にこっちのこづかいを増やしてくれよ。そもそも英語の教材費は英会話学校の講座料に含まれてるから、勉強の本はそんなにかかるのか？

子：（まずい、遊び代が多すぎるとこづかいを増やしてもらえないと思っ
　　てファミレス代を本代に混ぜたのがバレる……）

　収益・費用と利益から企業の業績が分かるわけですが、実は
ややタチの悪いことに、これら会計数値は企業が操作すること
ができます。おこづかい帳や会計簿をちょろまかすくらいなら
怒られるだけですみますが、企業の会計の場合は粉飾決算とし
てちゃんと刑事罰も定められています（会社法第960条や金融商
品取引法第197条第1項など）。それでも、お金がなくて倒産しそ
うな会社などでは、銀行から借金をするために残念ながら粉飾
決算をしてしまうことがあります。そして、実際には一定規模
の会社になると、会計数値が適切であるのか公認会計士による
監査（チェック）が行われますが、警察が日本のすべての犯罪
を発見することができないのと同じように、まれに公認会計士
による監査をすり抜けることもあります。それに、黒と判定さ
れる粉飾決算ではなく、グレーからオフホワイトくらいで収
益・費用の操作はセーフとなることもあります。この操作を次
に見ることにしましょう。

8. 数字はウソをつかない?

　さきほど、企業の儲けである利益（収益と費用）について必ず
しも現金や預金の動きとは一致しないことを、商品売買を例に
して確認しました。しかし、東インド会社の時代とは異なり、
現代の企業のビジネスは複雑になっており、商品の販売だけを
捉えても企業活動の実態を表す利益を算定することができませ

ん。

　産業革命以降、製品の製造が手作業から機械へと移り、現在ではロボット・IT 技術の発達により大規模工場でもほんの数人で運営できるまでになっています。この結果、産業革命前と比べると企業活動において人的労力よりも製造設備の重要性が高くなり、資産に占める工場の建物、土地、機械装置等の比重も高くなっていることでしょう。製造業以外でも、商品を売るための店舗であったり、鉄道会社であれば皆さんを運ぶための車両が必要になります。業務効率化のためのコンピュータやソフトウェアといった IT 関連への投資も重要であり、中には AI の活用を進めている企業もあるでしょう。このような資産は数年〜数十年にわたって使用するため、ひっくるめて固定資産と呼ばれています。

　この固定資産にについて、仮に取得してお金を支払った時に代金の全額を費用としてしまうと、さきほどの 113 ページのはじめの例とは逆に 1 年目の費用が膨大となって大赤字となり、2 年目以降は固定資産を利用して得られた売上や運賃が収益として計上されるにも関わらず、固定資産の利用による費用が 0 となってしまいます。そこで、固定資産は買った金額を使える年数（耐用年数）に分割して費用とします。このような会計処理を減価償却と呼びます。なお、土地は半永久的に使用できるため、減価償却を行いません。

　この減価償却がなかなかクセモノで、行わなければ利益の金額がメチャクチャになってしまいますが、計算の前提となる耐用年数と実際に使う年数が一致するとは限りません。というのも、耐用年数は将来どれくらい使うのかを予想して、購入時に

決めます。将来どうなるかはタイムマシーンを使わないと分かりませんので、1年当たりの費用を少なくしたければ、何か理由をつけて耐用年数を長くすれば良いですし、逆に費用を多くしたければ耐用年数を短くすれば良いことになります。メチャクチャな理由では誰も納得しませんが、費用を操作する意図を隠して納得できる理由を示せればオフホワイトでセーフです。この耐用年数を使った費用の操作はまだ序の口で、他にも会計には将来を予想して今年度の収益や費用を見積もらなければならない項目がたくさんあります。実際に、赤字転落やあらかじめ設定した目標利益を達成するため、経営者が自分の報酬を増やすため、などの目的で企業が利益の操作をしていることが研究上も明らかとなっています。そこで、収益・費用に比べて操作がしにくい現金の動きも重要となります。なぜなら、現金の動きは実際にモノを買ったり売ったりした結果ですので、正しいか調べるためにタイムマシーンに乗って将来へ調べに行く必要がないからです。こういうと、現金の動きもタイムマシーンに乗って過去へ調べにいかなきゃいけないのでは？　と思う人もいるかもしれませんが、そんなことをしなくても調べる方法があります。さきほどの子の例では実際に本があるかどうか、もしくは本を買った時のレシートを確認すれば良いのです。そこで、利益と一緒に、将来の予想に左右されない今年の実際の現金や預金の動きも見る必要があります。本書では割愛しますが、損益計算書とは別に現金や預金の動きを表わすキャッシュ・フロー計算書も作成し、公表されています。

　なお、公認会計士による監査（チェック）でも、経験が浅い若手はレシートや実物があるのかを確かめることになります

が、経験を積むとその企業の経営方針、市場環境や経営者との対話などを通じて専門家としての勘も働かせて数字に違和感がないかを考えられるようになります。はじめに経理は地味といいましたが、実は経理職や会計士として経験を積んで数字から経営全体を見通す能力を身につけることで、社内や外部コンサルタント等として企業の経営方針の助言・決定にも関与できる華やかな仕事なのです。

9. 会計数値による政策判断

　最後にやや話題は変わりますが、内部留保に触れておきたいと思います。内部留保とは、企業が今まで稼いだ利益のうち、まだ配当として支払っていない部分をいいます。そして、配当とは企業が出資を受けた見返りに、稼いだ利益を出資者へ支払うことをいいます。

　資金調達には借入と出資の受入の2つがあることは既に説明したとおりです（→第4章）。借入については、見返りとして予め定められた利息を支払うとともに、満期になったら返済を行います。それに対し、出資に対する見返りは利息のように確定したものではなく、企業が稼いだ利益から支払うことになります。そのため、仮に企業がたくさん利益を稼ぐことができれば、出資者は利息を上回る配当がもらえることを期待できるわけですが、利益を稼ぐことができなければ配当をまったくもらえないということもあります。また、会社は稼いだ利益を必ず配当として支払う必要はなく、会社を拡大させるための投資などに使うこともできます。このとき、出資者も会社の規模が大

きくなって将来により多くの配当をもらえるならば、現在の配当を我慢することに納得するでしょう。

　もしスマホをすぐに出せるなら、「内部留保　賃金」で検索をしてみてください。おそらく大量のサイトがみつかるはずです。日本企業は内部留保を貯めすぎており、一部を賃金に回してはどうかという議論が見られます。ただ、これは会計学を学ぶとやや首をひねりたくなる理屈です。

　「内部留保」というのは過去に稼いだ利益ではあるのですが、同じ金額だけ現金や預金があるというわけではありません。今まで見てきたとおり、たとえ現金や預金の増加がなくても、資産が増えていれば利益になります。また、仮に過去に利益を稼いだ時には同額の現金や預金の増加があったとしても、企業規模を拡大させるための投資に使っていれば、やはり現在は現金や預金がないことになります。そこで、内部留保があるからといって現金や預金があるとは限らず、賃金を増やせるとは限らないわけです。間違えないでほしいのは、内部留保だけを見て賃金アップの議論をすべきではないということであり、日本企業が賃金アップすべきではないということではありません。

　会計情報に限らず数字は何かを理解したり説明するのに有用なツールですが、その前提として数字が意味している内容を正確に分かっておかなければなりません。

【ブックガイド】

　　独学で会計学を勉強するにあたって、次の3冊がおすすめです。

・山田真哉『さおだけ屋はなぜ潰れないのか？　身近な疑問からはじめる会計学』（光文社新書、2005 年）

会計の技術的な話しではなく、タイトルにあるとおり身近な商売で湧いてくる疑問を会計数字から読み解く本です。

・川口宏之『決算書を読む技術』（かんき出版、2013 年）

本文で紹介した会計数値を集計した情報の報告書のことを財務諸表もしくは決算書といいます。その決算書の仕組みや簡単な分析について豊富な絵を用いて分かりやすく説明している本です。

・大阪商工会議所編『ビジネス会計検定試験公式テキスト』（中央経済社、最新版は 1 級と 2 級が 2018 年、3 級が 2019 年）

ビジネス会計検定試験は、ビジネスにおいて財務諸表を活用する能力を判定する検定試験であり、1 級〜 3 級があります。上の 2 冊よりもさらに体系的に学びたいが、どのレベルの本から勉強すればよいか分からない人は、3 級のテキストから勉強してみてください。

【研究課題】

❶日本の会社の会計情報を集計したものとして、財務省の法人企業統計調査があります。この統計の経常利益を見てここ数年間の日本企業全体の業績がどのように推移しているか確認してみましょう。なお、経常利益とは企業全体の儲けである当期純利益から臨時の事象で生じた収益や費用を除いたものです。法人企業統計調査は、政府の様々なデータを収録した e-Stat（https://www.e-stat.go.jp/）から入手できます。

❷本文で確認したように、マツキヨの売上に占める売上原価の割合は約 70％ですが、化粧品などを製造している（株）資生堂での比率は約 23％（2017 年 12 月期）です。そ

こで、化粧品等を販売している会社と製造している会社で、原価の割合が違う理由はどこにあるのでしょうか。（資生堂の当期純利益を売上高で割ると2%台であり、資生堂の業績が特別に良いわけではありません。）

❸①企業が利益を水増しする粉飾決算を行った場合、その企業自身と取引先企業にどのような問題が生じるでしょうか。②企業が粉飾決算を行わないようにするために、どのような仕組みがあるでしょうか。

筆者のひとりごと

　文系の中でも、会計学は数字を扱うことと日常とは異なる専門的な用語の使い方をすることから、やや取っ付きにくい印象をもたれているようです。しかし、会計で用いる計算のほとんどは足し算、引き算、掛け算、割り算だけであり、電卓やパソコンを使うため数学の知識は必要ありません。その一方で、用語については残念ながら慣れるまで本当に取っ付きにくいです。たとえば、本文でも収益・費用・利益という言葉が出てきましたが、日常では収益、利益、収入を区別せず使うことがあるのに対し、会計では収益・利益・収入はすべて厳格な使い分けがあります（収益－費用＝利益、収入は現金や預金の増加のことであり、借金をして現金が増えた場合も「収入」ということがあります）。でも、取っ付きにくいがゆえに、用語を知っていると本文で紹介した「内部留保」まではいかないまでも、ちょっとしたウンチクを語れます。

　その一例として「年商1億円の経営者！」と聞いたらどう思いますか？実は「年商」とは「年間売上」のことであり、儲けを意味する「利益」ではありません。そこで、「年商1億円でも儲けは10万円」と「年商1,000万円だが儲けは500万円」なら、後者の経営者の方が優秀と見ることもできるでしょう。会計はビジネスを語るうえで必ず必要であり、最近は数多くの入門書が出版されているため、取っ付きやすそうなところからぜひ勉強してみてください。

第 三 部

世界に広がるビジネス

第7章　グローバル・ビジネスって何?
——グローバル・アパレルメーカーから見えてくるもの

1. はじめに

　商学部で学ぶ学問は、社会科学というジャンルに属する学問です。社会科学は、社会の様々な課題を解決し、より良い社会を目指すための学問です。すなわち、現代社会のどこに解決すべき課題が潜んでいるのかを鋭く見抜き、客観的に分析し、解決のための道筋を示すためという行為です。社会科学を学ぶということはそのような洞察力を磨くということを意味します。

　社会科学は、他者との対話の科学です。ここでいう対話とは、自分の考えを一方的に相手に伝えるのではなく、他者の立場を考慮しつつ自分の意見を述べ、自分の意見と他者の意見の一致点を探る行為です。例えば、ある主張がわれわれ日本人にとっては当たり前のことであったとしても、他国人からみれば受入れ難いことかもしれません。そのような場合、対話を通じて双方が歩み寄る努力が必要となります。対話を通じて課題解決の方策を探求することは、社会科学の主要な任務です。

　さて本章では、グローバル（地球規模）に展開されるビジネスと企業経営について考察します。企業活動の基本的プロセスは、原料や部品などの調達活動、原料の加工・生産活動、販売市場での販売活動です。これらの企業活動をまさにグローバルに展開しているのが、グローバル企業（多国籍企業ともいいます）

です。本章では、グローバル企業が自社のビジネス（事業）を
どのようにマネジメントしているのか、アパレルメーカーにつ
いて考えてみましょう。

2. 販売市場としての都市空間

■ 都市の景観の変化

あなたは旅行が好きですか？　海外旅行に行ったことはあり
ますか？　私は、国内、海外を問わず様々な都市を訪れます。
仕事柄、大学のある比較的大きな都市の割合が高いのですが、
近年かつて訪れた都市が様変わりしていることに驚かされるこ
とが多くなりました。

かつては、都市にはそれぞれの顔がありました。日本の街並
みに慣れ親しんでいる私にとって、海外の街並みはそれぞれ新
鮮に映ったものでした。商店街の看板を見ても、それが何を
売っている店なのかよく分からず、のぞき込んで見ることも街
歩きの楽しみの１つでした。

それが今はどうでしょう。皆さんも海外旅行に行かれた際
に、訪れた場所がどこかで見たような街並みだなと思われたこ
とがあるのではないでしょうか。商店街の中心には、ハンバー
ガーやカフェの世界的なチェーン店が立ち並んでいます。大型
のショッピングモールも今やどこにでもある見慣れた光景にな
りました。その中に入ってみると、ナイキ、アディダスなどの
スポーツ用品を扱う世界的チェーン店や、ザラ、Ｈ＆Ｍ、ユニ
クロなどのこちらもファストファッションの世界的チェーン店
が軒を連ねています。その結果、かつてと比べどの都市も個性

的でなくなり、街歩きの楽しみも半減しているように思います。

■ 世界の都市の同質化

それでは、東京、ニューヨーク、ロンドン、パリ、フランクフルト、北京などの都市が似通った景観をもつようになった理由について考えてみましょう。

まず第1に、大規模な都市は企業からみれば商品やサービスを販売できる巨大な販売市場です。仕事や快適な都市生活を求めて都市への人口流入が世界的傾向となっているため、販売市場としての都市空間は拡大する一方です。

国連の調査によれば、今後の経済成長が見込まれている東アジアの都市化率は、1950年の16.8%から2025年には50%にまで拡大すると予想されています。東アジアでは、2人に1人が都市生活者になるわけですが、こうした傾向は東アジアだけではありません。

第2に、都市生活者の消費傾向が似通ってきていることです。都市生活者が利用するカフェやブティックは、世界的な企業がチェーン展開したものですから、その結果、どこの都市でも同じようなものになってきています。もちろん、物価の違いや宗教上の違いなどを反映した違いもありますが、都市生活者の消費パターンはかなり同質化してきています。

このような消費の同質化には、企業側の事情も絡んでいます。経営学の基本的な概念の中に3C分析があります。

3C分析とは、図表1のように、わが社（company）の活動が消費者（consumer）とライバル会社（competitor）との関係性の下で成立しているということを意味する概念です。企業経営者

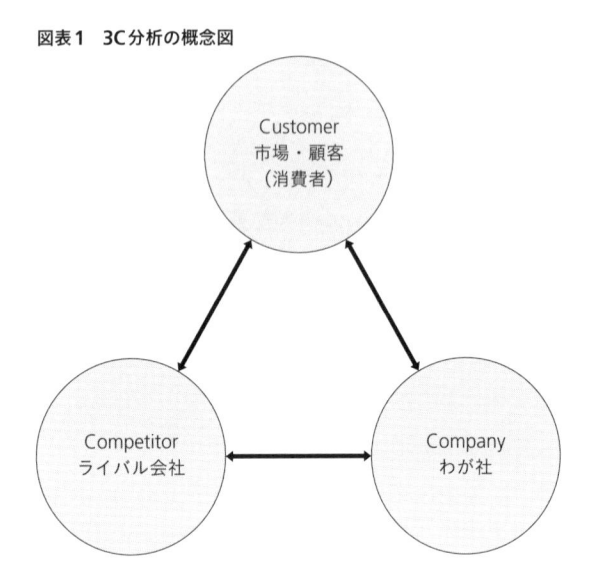

は、消費者がわが社にどのような商品・サービスの提供を望んでいるのか、他方で、ライバル会社（の経営者）はわが社にどのような競争を仕掛けようとしているのか、を分析して自らの事業内容を決定しなければなりません。

　このようにして、ある商品・サービスをめぐってわが社、消費者、ライバル会社の間には濃密な関係が成立し、消費者が望む商品・サービスの開発をめぐってわが社とライバル会社の激しい競争が展開されることとなります。商品の発売当初は、わが社の商品とライバル会社の商品には様々な点で違いがみられるのが一般的ですが、それぞれが商品に仕様変更（マイナーチェンジ）を加えていくうちに、わが社の商品もライバル会社の商品も似たような特徴をもつようになります。そして、それが消費者の好みだから、という正当化がなされます。

「マックワールド」という言葉をご存知でしょうか。この言葉は、ファストフード店の世界的なチェーン展開によって、栄養価が低く脂肪分が多いため健康被害をもたらす食生活が世界中に定着する危険性があるという警告の言葉です。加えて、この言葉には、ファストフード店では従業員がマニュアル化された行動を強いられ、人間らしい創造的な営みを奪う管理が行われていることに対する批判の意味が込められています。

　都市生活者の消費パターンが似通ってきた背景には、このような企業間の商品・サービスをめぐる激しい開発競争があるのです。

■ メディアの役割

　都市生活者の消費パターンが似通ってきた背景のもう1つの重要な要素は、情報を瞬時に伝え流行を世界的規模で作り出す道具（ツール）としての「グローバル・メディア・コンプレックス」の存在です。「グローバル・メディア・コンプレックス」は、インターネット、人工衛星、テレコミュニケーションなどが複雑に絡み合って構成されたものです。現代の代表的な産業であるエンターテインメント、ニュース、映画などの文化型商品・サービスが「グローバル・メディア・コンプレックス」をビジネスとしているグローバル企業によって瞬く間に世界中に配信されることによって、各国・地域の文化や社会の有り様が画一化されています。国や地域の文化や社会の有り様はもとより多様性に富むものです。それが画一化されることに危機感を唱える研究者は、「グローバル・メディア・コンプレックス」がもたらす各国・地域の文化や社会の画一化を、グロー

バル企業がもたらす「文化帝国主義」であると批判しています。

3. あなたのファッションは誰がどこで作ったものなのか
—— グローバル・アパレルメーカーの生産システム

■ 企業の生産プロセス

ファストファッションは、今や世界中で定着しています。ファストファッションは、その名の通り流行の服をすばやく販売市場に供給し、比較的安価かつ大量に販売することで巨額の利益を得るビジネスです。

これまでは、販売市場としての都市についてみてきましたが、ここではファストファッションの生産プロセスについてみてみましょう。

そもそも企業が商品を作る活動は、原材料や部品を調達する段階、調達した原材料などを加工する段階、商品として完成させる段階などがあります。次に、完成品は、卸売り業者や小売業者の仲介を経て私達消費者の手に届けられます。

いうまでもなく、企業は、私達消費者に良質の商品・サービスを適正な価格で提供（供給）することによって、利益を獲得することを使命（ミッション）としています。そのためには、良質の原材料を適正な価格で調達すること、原材料の加工や完成品を作るために必要な機械設備を揃えること、などが欠かせません。また、企業活動全般には、それぞれの活動を担う優れた従業員が何よりも不可欠です。

経営学では、企業は経営資源で構成されているものとみなします。経営資源は、人材（Man）、資金（Money）、資材（Material）—

原材料、機械設備などを意味します—という企業の経営にとって欠かせない3つの資源を意味しており、英語の頭文字をとって3Mという場合もあります。優れた経営資源を適切に調達できない企業は、継続的な生産活動ができなくなります。その意味で、利益を獲得し続けることが、企業にとって何より重要なのです。

■ ファストファッションの生産プロセス

それでは、ファストファッションはどのようにして生産されるのでしょうか。まずは、木綿のシャツの例で考えてみましょう。

原料となる木綿は米国やインドなどの産地が有名です。米国のテキサスにある巨大な農場では、政府からの補助金や機械を活用した効率的な生産方法によって大量に安価な木綿が生産されています。この米国の例のように機械化された生産方法もあれば、途上国ではヒト（労働力）に作業の多くを依存した生産方法が一般的です。

次に、グローバル・アパレルメーカーによって購入された木綿は、どこでシャツに加工されるのでしょうか。グローバル・アパレルメーカーの縫製工場は中国、ベトナム、バングラディシュ、インドネシアなど途上国にある場合が一般的です。縫製工場では、多くの若い女性たちがミシンを使った縫製作業に従事しています。これらの途上国に縫製工場が密集しているのは、若い女性労働者を大量に、かつ低コストで調達できるからです。

ところで、こうした途上国の縫製工場のほとんどは、グロー

バル・アパレルメーカーが自ら所有し管理している自営工場ではありません。縫製工場の所有者・経営者はグローバル・アパレルメーカーとはまったく関係のない人々であることが一般的です。したがって、このような独立した縫製工場がグローバル・アパレルメーカーから注文をもらって委託生産を行っているわけです。

　これまで説明してきた世界規模でのアパレル事業の仕組みはごく一般的なものです。このような事業の仕組みは、原料産地や縫製工場の所在国を経済的に潤すことはいうまでもありません。木綿農場や縫製工場で働く人々は、グローバル・アパレルメーカーからの大量注文によって生活の糧を得ています。その意味では、世界規模で事業を展開することの経済的な恩恵を途上国も得ることができるわけです。

　ただし、グローバル・アパレルメーカーと、木綿農場や縫製工場で働く人々や経営者との関係が「公正（フェア）」な場合に限られます。企業活動には、株主、従業員、消費者、取引業者、金融業者、地域住民、などの形で実に様々な人々が関わっています。これらの人々は、企業の利害関係者（ステークホルダー）と呼ばれています。企業と利害関係者との関係が「公正（フェア）」である場合には、その企業にも社会的存在意義が生まれますが、逆に「不公正（アンフェア）」な場合には、その企業は様々な社会問題を引き起こす元凶となります。

4. グローバル・アパレルメーカーの経営問題と経営責任

■ 反搾取工場運動

　ナイキ社は、靴やウエアなどのスポーツ用品を世界各国で製造・販売するアメリカ国籍のグローバル・アパレルメーカーです。同社はオリンピックなどのスポンサー企業としてブランドやロゴマークが世界中に知られています。しかし、1990年代の同社は、そのような消費者にとっての良いイメージとはまったく異なる社会問題の震源地となりました。発展途上国にある同社の契約工場が、人権問題にまで関わるような酷い労働条件で従業員を働かせていたことをNGO（非政府組織）やマスメディアが批判したのです。こうした批判は、「反搾取工場運動」と呼ばれ、1990年代にはグローバル・アパレルメーカーが批判されました。その中でも、反搾取工場運動を象徴するものがナイキ社の事件でした。ここでは、同社のどのような経営方法・政策が批判されたのかみてみましょう。

■ ナイキ社の経営実態

　1993年、同社の生産を請け負うインドネシアの工場において、法定基準を下回る不当な賃金支払い、長時間労働、従業員に対する暴力行為などが常態化していることが明らかになりました。ただしインドネシアの工場は、ナイキ社が直接経営する工場（直営工場）ではなく、ナイキ製品の生産を請け負う契約業者が経営している工場でした。このようなビジネスモデルは、ナイキ社に限らず、アパレル業界に共通するものといえま

す。

　問題が発覚した当初は、生産請け負い先で生じている問題について ナイキ社の経営責任はないとの弁明が繰り返されました。しかしながら、ナイキ製品の不買運動が世界的に展開され株価が急落するに至って同問題への対応が急務となりました。

　ナイキ社はこの経営危機に際し、1999 年、同じような経営問題を抱えていた同業のギャップ（GAP）社と共同出資して「グローバル・アライアンス（GLOBAL ALLIANCE）」という NGO を創設しました。同団体に、工場の問題点を調査させ改善に活かそうとしたのです。その結果、強制労働の禁止などの項目を盛り込んだ「ナイキ運営規約」（Nike Code of Conduct）が策定され、ナイキ社の商品を生産する労働者にも責任を負う体制が整備されました。

■ ナイキ社の経営責任

　ナイキ社の事例の中には、現代のグローバル企業に共通する経営問題が数多く含まれています。

　まず、現代企業の経営責任についてです。これまで、企業は経済的責任を果たす主体であると認識されてきました。すなわち、これは消費者が必要としている商品・サービスを開発し、市場で販売することによって利益を獲得する行為を継続的に営むという責任です。

　ここで重要な点は、そのような事業（ビジネス）を「継続的に営む」ということです。企業は事業の継続性を前提としています。そうでなければ、消費者は安心してその企業の製品・サービスを購入できません。自動車を購入する場合を考えてみ

てください。一度自動車を購入すれば、5〜10年程度は乗り続けることになりますが、その間に消耗品や部品の交換が必要となりますので、自動車を販売した企業は、消耗品や部品の交換にいつでも対応できなければなりません。

　従業員の場合はどうでしょうか。皆さんは明日倒産するかもしれない企業に就職したいと思いますか。やはり、事業内容と収益力が安定している企業を選択するのではないでしょうか。もちろん、競争が激しく、生き残りが大変困難な業界もありますが、その渦中にあっても安定した経営を維持することが経営者の基本的な責任です。

　ここまでの話は伝統的な企業責任論と言えますが、現代の企業はより広範な経営責任を求められるようになってきています。次に、この点について考察してみましょう。

5.グローバルな経営責任

■ 新たな企業責任とは

　かつて、今日ほど企業に社会的責任を果たすよう求めてきた時代があったでしょうか。企業内福祉のような「身内」に対する社会的配慮はこれまでにもみられましたが、今日では経済的責任を大きく超える範囲にまで企業の社会的責任や社会貢献を期待する声が高まっています。

　現代企業の評価基準としてよく利用される用語に「トリプル・ボトム・ライン（triple bottom line、3BL）」があります。1994年に英国のコンサルティング会社が造ったとされるこの用語の意味するところは、企業を財務面だけで評価するのではなく、

環境面と社会面を含めた3つの評価基準で総合的に評価すべきであるというものです。とはいえ、それがどの範囲にまで及ぶものであるのかについては、様々な解釈があることも事実です。

　ところで、グローバリゼーションの推進力であるICT（Information and Communication Technology、情報通信技術）は、現代企業の経営にとって不可欠であるだけでなく、現代企業を攻撃する武器としても使われています。実際、インターネットや電子メールで武装したNGOが、ナイキ社の事例にみられるような労働問題だけでなく、環境問題などについても企業の経営責任を問う時代になったのです。しかも、その攻撃手段は、ある限定された地域と対象に向けた宣伝ビラのような"のどかな"ものではなく、インターネット社会の利便性とスピードを駆使したサイバー攻撃的なものに変質しています。その善悪については慎重な議論が必要ですが、NGOや市民団体の企業批判が企業やブランドに与えるダメージは極めて大きいものと考えられます。

　ナイキ社が、GLOBAL ALLIANCEという名称のNGOをGAP社と共同出資で創設した1999年は、米国のシアトルで開催されたWTO閣僚会議に合わせて、NGOや市民団体による反グローバリズム運動が大規模に展開された年でもありました。99年以降、NGOや市民団体が国際会議の開催地に集結し、先進国主導の会議運営や産業政策、巨大企業の行動に対する批判を展開するようになったのです。このようなNGOや市民団体のグローバルな連帯は、現代企業にとっての新たな脅威として無視できない存在となっています。

■ 国連グローバル・コンパクト原則（UNGC）

1999年の「世界経済フォーラム（ダボス会議）」で、アナン（Kofi Annan）国連事務総長が「UNGC（国連グローバル・コンパクト原則）」を提案しました。

UNGCは、企業や地方自治体などが責任ある創造的なリーダーシップを発揮することによって、社会の良き一員として行動し、持続可能な成長を実現するための世界的な枠組みを創る取り組みです。UNGCに署名する企業は、企業活動を行う際に、環境、人権、労働基準、および不正行為の禁止（腐敗防止）の4分野について国連が提唱する10原則に賛同するとともに、その実現に向けて努力しなければなりません。この10原則は、世界人権宣言、国際労働機関の就業の基本原則と権利に関する宣言、環境と開発に関するリオ宣言、腐敗の防止に関する国際連合条約に基づいています。

UNGCには、ロイヤルダッチシェルなどの多国籍企業や発展途上国の中小企業、メルボルン等の地方自治体、アムネスティ・インターナショナル等の国際機関等が参加しています。2015年7月時点では、世界160か国で13,000を超える団体（そのうち企業が約8,300社）が署名しています。

また、UNGCはその10原則のカバーする範囲が広いことから7つの国際機関と連携しながら運営されています。国連人権高等弁務官事務所（OHCHR）、国連環境計画（UNEP）、国際労働機関（ILO）、国連開発計画（UNDP）、国連工業開発機関（UNIDO）、国連薬物犯罪事務所（UNODC）、ジェンダー平等と女性のエンパワーメントのための国連機関（UN Women）といった7機関との緊密な連携が特に重要です。

UNGC10 原則

Ⅰ 人権について（On Human Rights）

原則 1　ビジネスが自ら影響を及ぼせる範囲で国際的な人権の保護を支持し尊重する。

原則 2　自分の会社が人権侵害に加担することのないようにする。

Ⅱ 労働基準について（On Labor Standards）

原則 3　結社の自由と団体交渉権の効果的な承認を支持する。

原則 4　あらゆる形態の強制労働の禁止を支持する。

原則 5　児童労働の実効的な廃止を支持する。

原則 6　雇用及び職業における差別の排除を支持する。

Ⅲ 環境について（On Environment）

原則 7　環境上の課題について予防的な措置を支持する。

原則 8　環境上のより大きな責任を促進するようイニシアチブをとる。

原則 9　環境にやさしい技術の開発と普及を奨励する。

Ⅳ 不正行為の禁止について（On Anticorruption）

原則 10　強要や贈賄行為を含む、あらゆる形態の不正行為を行わない。

6. おわりに
——ファッションに関わる人々を幸せにするビジネスモデル

　ファッション業界には、スーパーブランドといわれるような

超高級服もあれば、ファストファッションのような大衆向けの商品もあります。そのうち、高価格が維持できるスーパーブランド商品は例外として、大衆向け商品は、商品それ自体の機能・仕様・見栄え品質と価格のバランスによって売れ行きが決まります。この法則の効き目が無くなった商品群をコモディティ化した商品といいますが、それらの商品群にはどのような魅力を追加できるでしょうか。

その手法の1つが、「社会性という魅力」によって、消費者の道徳観、倫理観に訴える販売手法ではないでしょうか。フェアトレード（公正貿易）商品の開発を積極的に行う企業行動などがこれに該当します。

例えば、「社会的責任マーケティング（Cause Related Marketing）」を提唱しているコトラー（Philip Kotler）教授は、「消費者、投資家、従業員が企業を選択する場合、その企業の道徳観を重視するようになってきた」と述べ、先進国市場を変化させる決め手は「道徳的要因」にあると主張しています。

もちろん、消費者、投資家、従業員の道徳観・倫理観が本当に企業社会をより良いものに変革する原動力となるのかどうか、については賛否が分かれています。

しかしながら、企業と消費者、さらには生産者が一体となってビジネスを通じてお互いが豊かになれる経済を創っていく必要性については誰も否定できないのではないでしょうか。企業だけが儲かる経済、あるいは逆に消費者だけが得をする経済ではなく、経済活動に参加するすべての人々を幸せにする仕組みについてあなたも商学部で考えてみませんか。商学部で学問する最大の目的は、世界中の人々を幸せにすること、より理想的

な社会を建設することなのですから。

【ブックガイド】

- 中間大維著、江口泰広監修『その商品は人を幸せにするか──ソーシャルプロダクツのすべて』（ファーストプレス、2016 年）

  本書は、生活者の視点から消費生活の意味やあり方を問い直すことを提案した意欲作です。生活者として社会的に有用な商品（ソーシャルプロダクツ）を積極的に選択・消費することが持続可能な社会づくりにつながるという立場から、豊富な事例が紹介されています。

- ナオミ・クライン著、松島聖子訳『新版　ブランドなんか、いらない』（大月書店、2009 年）

  本書の "No Logo" という原題には、ロゴ（すなわちブランド）を信仰する愚かな消費者から脱却して、本当の価値を求める賢い消費者にわれわれは転換すべきであるという著者の期待が込められています。著者は、ブランドに毒された現代の消費社会を鋭く批判し、「もうひとつの世界」の実現に向けて提言しています。

- スチュアート・L・ハート著、石原薫訳『未来をつくる資本主義──世界の難問をビジネスは解決できるか』（英治出版、2008 年）

  本書は、資本主義をどのように転換すれば持続可能な社会が実現するのか、またそのために、現代企業のビジネスモデルはどのように変化すべきか、を論じたものです。

- ピエトラ・リボリ著、雨宮寛・今井章子訳『あなたの T シャツはどこから来たのか？──誰も書かなかったグローバリゼーションの真実』（東洋経済新報社、2007 年）

  本書は、経済活動のグローバル化について T シャツという理解し

やすい事例を用いて論じているため、米国では高校の教科書として採用されているほどの名著です。Tシャツ製造をめぐって各国が複雑に絡み合っている構造が鮮明に描かれています。

【研究課題】

❶ あなたがファッションメーカーを創業する場合、原料はどこの国から調達しますか、また調達した原料はどこの国で加工・縫製しますか、具体的にビジネスモデルを設計してみてください。

❷ 現代企業は、社会に対してどのような責任をはたすべきであると考えますか？　また、その理由についてあなたはどのように考えていますか？

❸ 本章では、国連のグローバル・コンパクト原則について紹介しましたが、それ以降にも国連は貧困の撲滅などを目指す取り組みを積極的に展開しています。MDGs（ミレニアム開発目標）と SDGs（持続可能な開発目標）について、それぞれどのような取り組みなのか調べてみましょう。

著者のひとりごと

　私のゼミでは、公正貿易（フェアトレード）、無農薬・有機栽培（オーガニック）、食品ロス等を研究課題として現状分析や解決策の提案に取り組んでいます。しかしながら、それぞれ現代社会が抱える深刻で構造的な課題ですので、ゼミの2年間では十分に掘り下げることは不可能です。こうした取り組みは長い時間を掛けて、まさにライフワークとして取り組むべき課題なのかもしれません。持続可能な社会についての研究が社会科学系大学・大学院で進められていますが、より良い社会創りのためには持続可能な研究・活動体制が必要であると痛感しているところです。

第8章 貿易取引って誰がどうやって行っているの?
——各プレーヤーの役割と重要性

1. はじめに

　皆さんはこれまでの勉強の中で「貿易」という言葉を1度は耳にしたことがあるでしょう。世界史では1600年代にヨーロッパ重商主義の下で成立した「東インド会社」との関係で、そして公民ではグローバリゼーションによる「国際競争」や「国際分業」との関係でこの言葉が登場します。そして少なくとも多くの皆さんが連想するのは「資源に乏しい日本では欠かすことができない経済活動である」という文脈ではないでしょうか。それでは皆さんは「貿易」という仕事に対してどのようなイメージをもっていますか。国境を越えて行われるグローバルな仕事? 大金が動くスケールが大きな仕事? あまり馴染みがなく難しそうな仕事? 人によって描くイメージは様々でしょう。

　ところで消費者である私達は普段様々なお店で「買い物」をします。コンビニ、スーパー、デパート、専門店、商店街、そしてネットショップ等。私達の生活に必要な様々な商品が様々なお店で売られています。そして試しに皆さんの身の回りにある適当な商品を手に取ってよく見ていただくと、外国から輸入されたことを示す「原産国：(外国名)」や「(外国名) 製」と表記された商品が多く存在していることに気付くでしょう。また

商品自体は日本製であっても、使用されている部品や原材料（以下「部材」）が外国からの輸入品であることも多いのです。そのように考えると、「貿易」という経済活動は私達の日々の暮らしに密接に関係し、私達の生活を支えてくれている非常に重要かつ必要不可欠な仕事であることが分かります。そして「貿易」という経済活動が存在する以上、そこにはその仕事に実際に携わる様々な企業が存在します。本章では「貿易」という経済活動の中で様々な企業が果たす役割とその重要性を理解した上で、貿易取引の現場に潜む諸課題の一端を覗いてみたいと思います。

2. 貿易取引は「買い物」と同じ?!

　冒頭でも述べた通り、私達はほぼ毎日どこかのお店で何かしら買い物をしています。この「買い物」という行為は法律上は「売買契約」といわれています。やや難しくいうと、日本の民法という法律の第555条には以下の様な定めがあります。すなわち「売買は、当事者の一方がある財産権を相手方に移転することを約し、相手方がこれに対してその代金を支払うことを約することによって、その効力を生ずる」。ようするに「お店（売り手）は買い物客（買い手）に商品を引渡すことを約束し、反対に買い物客（買い手）はお店（売り手）に代金を支払うことを約束することによって『買い物』という売買契約が成立し、それぞれの約束が実行に移される」ということです。そうすると、私達はほぼ毎日売買契約を結び、これを実行するという法律上の行為を行っていることになります。

さて冒頭でおたずねしましたが、皆さんの中には「貿易」という仕事は馴染みのない難しそうな仕事だというイメージをもっている人もいるでしょう。しかし「貿易取引」という行為についても買い物と同様に「売買契約」と捉えることができます。すなわち「輸出者（売り手）は輸入者（買い手）に商品を引渡すことを約束し、反対に輸入者（買い手）は輸出者（売り手）に商品代金を支払うことを約束することによって『貿易取引』という売買契約が成立し、それぞれの約束が実行に移される」ということです。「お店」が「輸出者」に、そして「買い物客」が「輸入者」に変わっただけです。このことから、見方によっては「貿易取引」も「買い物」と同じ行為であるといえます。ただ私達が普段行う実店舗での「買い物」の場合は、売買契約が成立すると同時にそれが直ちにその場で実行されるため、そのような行為を行っているという意識がほとんど感じられないだけなのです。

　ところで、たった今「輸出者」と「輸入者」という２人の当事者が登場しました。「輸出者」とは販売業者として外国の輸入者に部材や商品を販売する企業であり、「輸入者」とは買付業者として外国の輸出者から部材や商品を購入する企業を指します。より具体的には、「輸出入者」には特定の商品を生産するために部材を外国から調達したり、国内外から調達した部材を用いて生産した商品を外国に向けて販売する製造業者であったり、あるいは特定または多岐にわたる分野の部材や商品の国内外での販売や買付活動に従事する商社であったりします。場合によっては皆さんが買い物をするスーパーや百貨店等を運営している企業も輸入者となって海外から輸入した商品を

私達に届けてくれていることもあります。これらの企業が「輸出入者」となり、貿易取引ではメインプレーヤー（主役）としての役割を担うことになります。このように、私達が普段の生活の中で行う買い物と同様、貿易取引にも「輸出者」呼ばれる売り手と「輸入者」と呼ばれる買い手が存在し、「売り手は買い手に商品を引渡し、買い手は売り手に商品代金を支払う」という本質的な点ではいずれも同じ行為であることが分かります。しかしながら、当然といえば当然ですが、やはり私達が消費者として普段の生活の中で行う実店舗での買い物と企業が業として行う貿易取引は様々な面で違いがあります。どのような違いがあるか、皆さんなりの答えを頭の中で出してみた上で読み進めてください。

　いかがでしたか？　「商品の量が多く、支払金額も大きい」と考えた人がいるでしょう。「決済で使われる通貨が違う」と考えた人もいるかもしれません。あるいは「使われる言語が違う」と考えた人もいることでしょう。細かい部分を見ていくと他にも多くの違いがありますが、誰もが気付くであろう決定的な違いは売り手と買い手の間の「物理的距離」です。貿易取引では売り手と買い手の間には非常に長い物理的距離があり、しかも両者の間には国境が存在することから、必然的に多くのサブプレーヤー（補助役）の手助けが必要となるのです。

3.「貿易取引の３本柱」？それぞれの重要性

　実店舗での買い物の場合、店の中にはそこで働く店員と買い物客がいます。買い物客がレジに商品をもって行くと店側には

買い物客に商品を引渡す義務が、そして買い物客には店側に代金を支払う義務が生じます（売買契約の成立）。すると店員は商品をスキャンしたり袋詰めしたりしてそれを自ら目の前にいる買い物客に直接手渡し、買い物客も財布から必要なお金を取り出してそれを自ら目の前にいる店員に直接手渡します（売買契約の履行）。このように店員と買い物客との間で行われる商品とお金の受渡しは誰の手も借りることなく、当事者間で直接行われます。しかし貿易取引の場合はそうはいきません。輸出入者間には長い物理的距離が存在する関係上、当事者間でお金と商品の受渡しを行う（売買契約を履行する）ためには他者の手助けを必要とします。ここで登場するのが3人のサブプレーヤーです。1人目は「国際輸送サービス」の提供者である物流業者、2人目は「外国為替サービス」の提供者である銀行、そして3人目は「貨物保険サービス」の提供者である保険会社です。これら3人のサブプレーヤーが提供してくれる3つのサービスは、1つでも欠けると輸出入者間で貿易取引を行うことができなくなる程に極めて重要なサービスであるという意味で「貿易取引の3本柱」と呼ばれています。各サブプレーヤーが果たす具体的役割を概観し、各サービスの重要性を確認しておきます。

▓ 国際輸送サービス

いうまでもなく、輸出者は自ら飛行機等に乗り込んで大量の貿易貨物を遠く離れた輸入者の所にまで自らもって行くわけにはいきません。遠方の者へ荷物を送る場合、通常は宅配業者に宅配を依頼しますが、貿易貨物の輸送については物流業者が提

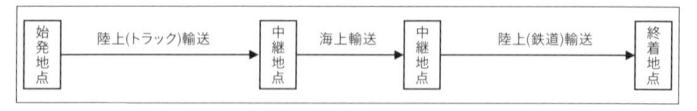

供する「国際輸送サービス」を利用します。そして国際輸送の場合、A地点にある貨物を単一の輸送手段を用いてB地点に移動するという単純なものではありません。日本の輸出入者がかかわる貿易取引の場合はその多くが海上輸送を伴います（もちろん航空輸送もあります）が、例えばまず甲府市内の商品出荷場所（始発地点）で商品をトラックに載せて輸出港（中継地点）である横浜港まで陸上輸送、次に船舶に乗せ替えて輸入港（中継地点）であるサンフランシスコ港まで海上輸送、そして最後に大陸横断鉄道に乗せ替えてシカゴにある最終仕向場所（終着地点）まで陸上輸送する等の必要があります（図表1）。

　またその間、貨物が輸出国と輸入国の税関を通過する際に内国貨物⇔外国貨物に切り替えるための行政手続である輸出入の通関手続が伴いますし、場合によっては輸入国内での小売りのために必要となる検品や包装、ラベル貼り等のいわゆる流通加工も必要となります。これら一連の作業をメインプレーヤーである輸出入者が自らで直接行うのは困難あるいは不可能であるため、輸送手段や倉庫等のハードウェアと共に輸送や保管そして税関手続等に関するノウハウももち合わせ、輸送される商品に実際に接することになる物流業者の手助けが必要となります。そして物流業者が提供する輸送サービスのあり方を考える上で重要となる1つのキーワードが「ロジスティクス」です。この点については次節以下でもう少し掘り下げます。この

ようにメインプレーヤーである輸出入者が貿易取引を行うためには、これを輸送面から支えてくれる物流業者の「国際輸送サービス」が必要不可欠となります。

■ 外国為替サービス

　輸出入者間での貿易貨物の受渡しについては物流業者の「国際輸送サービス」を利用しますが、貿易代金の受渡しについては同サービスを利用しません。現金等の貴重品を輸送するサービスは一応ありますが、これは特殊な事情がある場合にのみ利用されます。金融システムが高度かつ国際的に発達した現在において、輸出入者間で行われる貿易代金の受渡しについては銀行が提供する「外国為替サービス」を利用します。遠方の者へお金を送る場合、お金を送る人（送金人）とお金を受取る人（受取人）が共に銀行にお金を預けておくための口座をもっていることを前提として、それぞれの銀行同士で資金移動に関する指図がやり取りされることによって送金人と受取人の口座上で資金の移動がなされます。このように現金の物理的移動を伴うことなく、距離的に離れた者同士の間で安全確実早期かつ低コストで資金の受渡しを可能にする仕組みを「為替」といいますが、貿易取引において輸出入者間で資金の受渡しが行われる場合には自国通貨と外国通貨の交換（売買）が伴うため、「外国為替」となります。すなわち銀行は、外貨建てで支払いをしなければならない輸入者のために当該外貨建決済資金を調達してこれを輸入者へ売り渡したり、外貨建てで支払いを受けたものの自国通貨建てで資金を受領したい輸出者から当該外貨建決済資金を買い受けたりします。また銀行は貿易代金の受渡し役を担

うだけではなく、輸出者が後日輸入者から受取る代金を先に輸出者に立替払いしたり、輸出者への代金支払い義務を請け負ったり、輸入者が決済を行う際に必要となる資金を融資する等、貿易決済に付随する各種関連サービスを併せて輸出入者へ提供しています。このようにメインプレーヤーである輸出入者が貿易取引を行うためには、これを決済面から支えてくれる銀行の「外国為替サービス」が必要不可欠となります。

■ 貨物保険サービス

　日本の輸出入者がかかわる貿易取引ではトラックや鉄道を使った陸上輸送に船舶を使った海上輸送が加わりますが、海上を移動する貿易貨物には輸送上のリスクが伴います。もちろん陸上輸送でも同様のことがいえますが、海上輸送される貨物は陸上輸送とは異なる特異かつ過酷な環境にさらされます。まず輸出入される多くの貨物はドライコンテナという密閉性の高い輸送用の大きな鉄製容器に詰めて輸送されますが、船舶はこれを数千〜約2万本積載して短くても2〜3日、長ければ1〜2か月かけて海上を航行します。コンテナは船舶内の積付場所によって直接外気に触れますが、外気温は船舶が航行する航路や時期、あるいはその時の天候等によって大きく異なるだけでなく、急変することもあります。この結果、外気温によってコンテナ内部の温湿度も多かれ少なかれ影響を受け、カビや結露が発生することがあります。また船舶は「海路」という不安定な水の上を航行するため、通常の航海でも波による揺れを受け、時として荒天にも遭遇します。そしてコンテナ自体は巨大なクレーンを使って積卸しされますが、その際かなりの衝撃を受け

ます。もちろん海上輸送にあたっては温湿度や揺れ、衝撃等に対する各種の対策をしますが、それでも損害の発生を完全になくすことはできません。さらにコンテナを積載した船舶自体も特異かつ過酷な環境にさらされます。時折ニュース等で報道されていますが、船舶の沈没、火災、座礁、衝突等の海固有のリスクによる海難事故は定期的に発生します。また掃海作業はなされているものの、特定の海域には戦時中に敷設された機雷が今も残されています。さらに取締りの強化により最近は少なくなりましたが、やはり特定の海域には武装した海賊が出没し、貿易貨物を積載した船舶を襲ってくることがあります。船舶がこのような危険にさらされた場合、多かれ少なかれ貨物も巻き添えに合います。このような状況の下、高額大量の貿易貨物を無保険で国際輸送することはできるでしょうか。保険会社は同じような不安を抱える多くの輸出入者から一定の保険料をもらい受け、万が一の時には保険金を支払うこととすることによって輸出入者が安心して貿易取引を行うことができる環境を提供してくれます。このようにメインプレーヤーである輸出入者が貿易取引を行うためには、これをリスクマネジメント面から支えてくれる保険会社の「貨物保険サービス」が必要不可欠となります。

4. 貿易取引に「軍事的手法」を取り入れる!?
──問題編

　想像してください。普段皆さんが実店舗で買い物をする時、「どこで」商品の受渡しが行われますか。そう、当該店舗内、

より正確には店員と客の間にあるレジカウンターです。それでは貿易取引の場合、輸出入者は「どこで」商品の受渡しを行うのでしょうか。いうまでもなくレジカウンターは存在せず、両者の間には物理的距離があります。しかしその場合でも、必ずある地点で商品の受渡しが行われます。輸出国内の始発地点でしょうか？　それとも輸出港または輸入港等の中継地点？　あるいは輸入国内の終着地点？　いずれも正解です。ようするに売買契約締結時にこの点を両者の間で商品の「引渡地点」として決めておけばよいのです。いずれにせよ引渡地点は、①どこで売り手から買い手へ危険が移転するのか、および②売り手と買い手の作業範囲はどこからどこまでなのかという2つの点を決定する上で、輸出入者にとって非常に重要な意味をもちます。皆さんが専門店でティーカップ（割れ物）を購入するという状況を用いて理解しましょう。まずは①の点についてです。

　店員は商品に必要な梱包をした上で皆さんにこれをレジカウンターで引渡すことになりますが、もし梱包の際に店員が手を滑らせて割ってしまったとすると、経済的損害を被るのは店側です。しかし皆さんが無事にレジカウンターで商品の引渡しを受けた後、不注意で商品が入った手提げ袋を何かに強くぶつけて割ってしまったとすると、経済的損害を被るのは皆さんです。当たり前のようですが、レジカウンターでの商品の引渡しによって売り手から買い手へ危険が移転していることが分ります。貿易取引の場合も基本的な考え方は同じです。ただ貿易取引の場合は輸出入者間に物理的距離が存在するため、「引渡地点」が複数存在する、すなわち輸出者から輸入者へ危険が移転するタイミングが数パターン存在することになります。商品は

物流業者の「国際輸送サービス」によって輸出国における始発地点→輸入国における終着地点を様々なリスクにさらされながら移動しますが、この間に何らかの事故が発生した場合、輸出者か輸入者のいずれかが経済的損害を被ることになります。このため「引渡地点」をどこにするのかについては輸出入者にとって非常に重要な決め事なのです。つづいて②の点についてです。

　皆さんは購入した商品の引渡しをレジカウンターで受けることになりますが、この時、店側は皆さんが安全に商品をもち運びできるよう、十分な梱包をする必要があります。一方、皆さんは引渡しを受けた後、これをバスや電車等に乗せて慎重に自宅までもち帰る必要があります。また仮に商品が店舗に在庫されておらず、後日自宅までお届けとなった場合には引渡地点は皆さんの自宅となるわけですが、この場合、やはり店側は十分な梱包をした上でこれを箱に詰め、皆さんの自宅にまで輸送するための手配まで行う必要があります。皆さんは自宅で商品が届くのを待つだけであり、これをバスや電車に乗せる必要はありません。このように引渡地点によって売り手と買い手の作業範囲が異なることが分ります。貿易取引の場合も基本的な考え方は同じです。すなわち、仮に「中継地点」での引渡しとした場合、輸出者は輸出国における始発地点→中継地の輸送の手配や自身に危険が及ぶことになるその区間を対象とした保険の手配等、そこで引渡しを行うために必要となるすべての作業を負担する必要があります。逆に輸入者は中継地点→輸入国における終着地点の輸送の手配や自身に危険が及ぶことになるその区間を対象とした保険の手配等、そこで引渡しを受けた後に必要

となるすべての作業を負担する必要があります。そして仮に「終着地点」での引渡しとした場合には、輸出者は輸出国における始発地点→輸入国における終着地点（全区間）の輸送の手配や自身に危険が及ぶことになる全区間を対象とした保険の手配等、原則としてすべての作業を負担することになります。この場合、輸入者は代金支払い以外にはほとんど何も負担する必要はなく、商品が届くのを待つだけとなります。このように引渡地点によって輸出入者の作業範囲は異なり、その範囲が広くなればなるほど作業負担が大きくなります。このため「引渡地点」をどこにするのかについては輸出入者にとって非常に重要な決め事なのです。

　それではここで問題です。もし皆さんが輸出者または輸入者なら引渡地点はどこにしますか？　そしてそれはなぜですか？

5. 貿易取引に「軍事的手法」を取り入れる!?
——解答編

　私達の身の回りにある商品を1つとってみても、部材の調達から商品の生産、販売に至るまでの一連のプロセスがすべて日本国内だけで完結することはあまり多くありません。経済のグローバル化に伴って多くの企業が生産拠点を海外に移している現在にあっては、その傾向はより強くなっています。特に第7章で触れられたアパレルメーカー等のグローバル企業は変化かつ多様化する市場（顧客）ニーズやし烈なグローバル競争に対応するために、それぞれの経営戦略に基づいて製品開発や生産、販売のための各拠点を世界各地に最適に配置、すなわち

「グローバル・サプライチェーン（以下"GSC"）」を構築しています。そしてこのようにして構築されたGSCを有効に機能させるためには、少なくとも商品の生産に必要となる部材や販売に必要となる商品自体が必要な時に必要な場所に必要なだけ供給されていなければなりません。これを支えるのが「グローバル・ロジスティクス」です。「ロジスティクス」とは本来的には軍事用語で、日本語では「兵站（へいたん）」、すなわち「前戦部隊が軍事作戦を的確に遂行できるよう、後方部隊が適宜弾薬や食料等の軍事物資を調達・補給したり、基地等の軍事施設を構築・維持するための軍事上の諸活動」を意味します。これらはいわば裏方活動ですが、たとえ上層部の軍事戦略を実現するための作戦が各部隊で立てられたとしても、兵站が疎かだと作戦は立ち行かず、戦略は失敗に終わります。兵站が軍事戦略に与える影響はそれほど大きいのです。そしてこの「ロジスティクス」という語は現代ではビジネスの分野に転用され、とりわけ流通・マーケティングの分野で使用されています。すなわち現代的意味では、おおよそ「企業が市場（顧客）のニーズに的確に応えられるよう、部材の調達から商品の生産、販売に至るまでの計画的かつ効率的な流れを立案、実行、管理するための物流上の諸活動」といえます。ようするに「必要な物を必要な時に必要な場所に必要なだけ安全確実に送り届けるために求められる高品質な輸送サービス」と捉えればよいでしょう。そして重要なのは、これが「最適コスト」でなされなければならないということです。いくら高品質輸送でも、物流コストが高ければ部材や商品自体の価格もその分高くなってしまい、企業は価格競争に対抗できなくなります。いずれにせよ、ロジス

ティクスが疎かだと企業の生産・販売計画に狂いが生じてしまいます。したがってグローバル企業が構築したGSCを有効に機能させるためには、「ロジスティクス」を意識した国際輸送サービスである「グローバル・ロジスティクス・サービス」が必要となります。

　さて貿易取引の現場では以前は輸出入者間での引渡地点を「中継地点（輸出港）」とすることが慣習的に多かったのですが、最近では「始発地点または終着地点」での引渡しとすることが多くなってきています。なぜならロジスティクスを実践する上では「最適コスト」という要素が1つの要となりますが、輸出入者間での引渡地点が「中継地点」であると、この点で不都合が生じるからです。すなわち中継地点を引渡地点とした場合、途中までの輸送の手配は輸出者が、そしてそれ以降の輸送の手配は輸入者がそれぞれ行うことによって1つの国際輸送を別々の物流業者が担当することになり、それぞれに対して輸送費の支払いが発生、すなわち物流コストの上昇につながります（図表2上段）。少しでも物流コストを抑えるためには国際輸送を担当する物流業者と輸送費の支払いを一本化すること

図表2

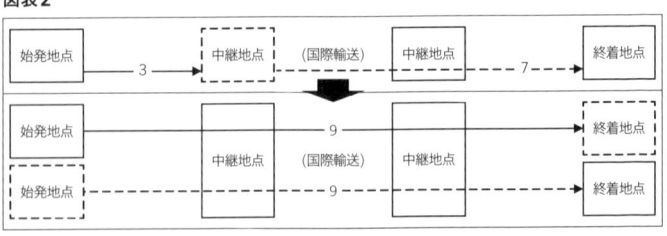

➡：輸出者手配による輸送　- - ➡：輸入者手配による輸送　┌--┐└--┘：商品や部材の引渡地点
数字：物流コストの大きさ

が望ましいでしょう。ただしそのためには引渡地点を「終着地点（または始発地点）」として輸出者（または輸入者）が全区間の輸送の手配を行う必要があります（図表2下段）。

　こうすることで、さらに物流コストを抑えられる可能性が広がります。たとえば各地の仕入先（輸出国）から調達された部材が複数の物流業者によって1か所の生産拠点（輸入国）に向けて別々に国際輸送されていたとします（図表3上段）。この場合、それぞれの国際輸送を担当する物流業者を一本化することで国際輸送を効率化できます。すなわち各地から調達されてきた各部材を途中にある当該物流業者の物流拠点で集約した後に1か所の生産拠点に向けてまとめて国際輸送することができれば、トータルでの物流コストをさらに抑えられるかもしれません（図表3下段）。

　また、たとえば1か所の生産拠点（輸出国）で生産された商品（完成品）が複数の物流業者によって各地の販売拠点（輸入国）に向けて別々に国際輸送されていたとします（図表4上

図表3

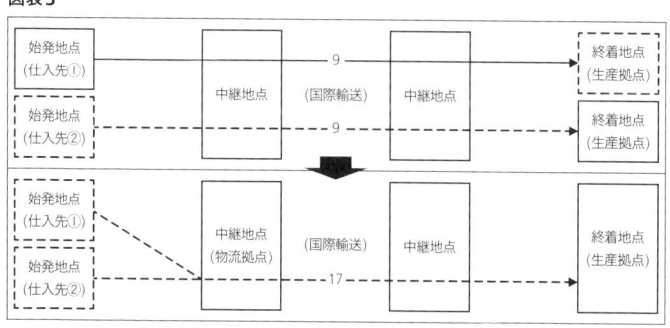

図表4

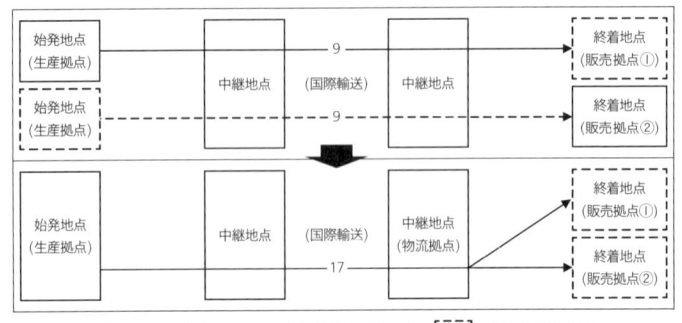

──→：輸出者手配による輸送　－－→：輸入者手配による輸送　┌┄┐：商品の引渡場地点
数字：物流コストの大きさ

段）。この場合、それぞれの国際輸送を担当する物流業者を一本化することで国際輸送を効率化できます。すなわち1か所の生産拠点で生産された商品をまとめて国際輸送した後に途中にある当該物流業者の物流拠点で各地の販売拠点向けに仕分けした上で配送することができれば、トータルでの物流コストをさらに抑えられるかもしれません（図表4下段）。

　このように物流業者は可能な限り物流コストを抑えつつ、企業の生産、販売計画に素早く的確に応えられる高品質な輸送サービスを提供する使命を負っているわけですが、いうは易く行うは難しです。国際輸送を担う物流業者が一本化されるとなると、世界中の多くの物流業者間でいわば顧客や貨物の争奪戦が繰り広げられます。すなわち物流業者もまた輸送サービスを提供する企業として、し烈なグローバル競争を強いられています。このような状況の中、彼等はいかなる戦略の下でいかなるロジスティクス・サービスを顧客に提供していけばよいのでしょうか。これはすべての物流業者にとって永遠の課題となる

でしょう。ちなみに「飛脚便®」でおなじみの佐川急便（株）を擁する SG ホールディングスは海外、特にアジアを中心とし

■ コラム（貿易取引での「引渡地点」の決め方）

　本章の第 4 節で「輸出入者間での商品の受渡し場所については売買契約締結時に両者で『引渡地点』として決めておけばよい」との説明をしましたが、具体的にどのような形でこれを取決めるのでしょうか。仮に街中のお店で 150 円で売られているお茶があるとします。ところが同じお茶を山の頂上にあるお店で買うと 180 円します。なぜなら販売するお茶を山頂にまでもって行くには費用がかかり、その費用が価格に含まれるからです。このように商品の価格は「引渡地点」によって異なります。貿易取引の場合、輸出入者間には物理的距離があるため引渡地点が数パターン考えられるわけですが、輸出者が輸入者に提示する価格が例えば単に '¥1,000,000' だと、どの地点で引渡すことを前提とした価格なのか分かりません。そこで貿易取引では売買契約における価格条件を例えば '¥1,000,000 CFR San Francisco' と表示します。これが意味するところはおおよそ以下の通りです。なお商品自体は甲府（輸出国内の商品出荷場所）→横浜港（輸出港）→サンフランシスコ港（輸入港）→シカゴ（輸入国内の最終仕向場所）に国際輸送されるものと想定します。

　・横浜港に停泊中の船舶の上で輸出者は輸入者に商品を引渡す
　・横浜港→サンフランシスコ港の海上輸送に要する船舶は輸出者が手配する
　・輸出国側で必要となる輸出通関手続は輸出者側で、輸入国内で必要となる輸入通関手続は輸入者側で行う
　・甲府→横浜港→サンフランシスコ港の輸送費や輸出通関手続等の諸費用は輸出者側で、サンフランシスコ港→シカゴの輸送費や輸入通関手続等の諸費用は輸入者側で負担
　・以上を条件として輸出価格は 1,000,000 円

　アルファベット 3 文字＋特定の場所名で構成される用語を「トレード・タームズ（貿易条件）」といい、全部で 11 条件あります。これを上記のように価格と併記することで、輸出入者は引渡地点や負担すべき費用等を簡単に取決めることができます。

た 24 の国と地域に種々の機能をもった物流拠点（他社との提携によるものも含む）を設けており、主としてアジアを中心に事業展開する日系グローバル企業にロジスティクス・サービスを提供してその GSC をグループ全体で支えています。俳優の織田裕二氏が出演する同社のテレビ CM（You Tube でも視聴可）はそれを物語る象徴的な演出となっているので、機会があれば意識して視聴してみてください。そして顧客企業の事業内容に見合ったロジスティクス・サービスを提供すること自体はもちろん物流業者にとって重要な課題ですが、顧客が潜在的に抱えている物流上の課題を積極的に見つけ出し、最適な改善策を提案、実行することで顧客企業の経営改善にまでつなげられるロジスティクス・サービスを提供できるかどうかが、今後の物流業者に突きつけられる一層重要な課題となるでしょう。この意味で、物流業者は "sub-player（補助役）" というよりも "co-player（共働参画者）" といった方が適当かもしれません。

【ブックガイド】

・片山立志および他『マンガでやさしくわかる貿易実務』（日本能率協会マネジメントセンター、2014 年）

　　本書は貿易実務の初学者に向け、マンガを用いて貿易取引の全体的な流れを分かりやすく解説しています。実家で生産している「海苔」を海外へ輸出するという夢を叶えるために 1 人の社員が少しずつ取引のノウハウを身に付けていくというストーリー仕立てで面白おかしく描かれています。

・片山立志および他『マンガでやさしくわかる貿易実務　輸入編』（日本能率協会マネジメントセンター、2017 年）

本書は上記著書の続編で、輸入にスポットが当てられています。雑貨の輸入責任者に抜擢された1人の社員が輸入取引のノウハウを少しずつ身に付けていくというストーリー仕立てになっており、海外での買付けからお店での販売に至るまでに立ちはだかる様々なリスクを分かりやすく解説しています。

・黒岩章『はじめての人の貿易入門塾』(かんき出版、2017年)

本書も貿易実務の初学者に向けられたものですが、上記2冊の著書が貿易取引の流れをいわば「ざっくり」解説するのに対し、本書では売買契約の成立や輸送、決済、保険等、貿易取引で要となる項目をやや詳しく解説しています。分量はありますが、図表等を多用して専門用語も分かりやすく説明されています。

【研究課題】

❶ コラムで触れている「トレード・タームズ（11条件）」の内、EXW、FOB、CIF、DDP条件について調べてみよう。その上で、製造・仕入原価500,000円の商品を甲府→横浜港→サンフランシスコ港→シカゴという国際輸送ルートで輸出するという想定の下、上記トレード・タームズに基づく輸出価格を輸出者になったつもりで見積もり、表示してみよう（製造・仕入原価以外の諸費用等は自由に設定してよい）。

❷ 本文でも触れた通り、貿易取引は国境をまたぐ売買活動であるため、必ず税関に対する輸出入の通関手続が伴います。その意味で税関もまた貿易取引における1人のサブプレーヤーと見ることができます。このような税関は貿易取引の現場でどのような役割を担っているのか、また貿易取引以外の場面においてどのような使命を帯びて

いるのかについて、税関のウェブサイト等を参考にして調べてみよう。

❸ 高度先端技術を使用したいわゆる「ハイテク商品」が不正使用・利用されると、日本や他国の安全保障を脅かす事態を招くこともあります。そこで日本はこのような商品の日本からの輸出を規制するための法律を設けていますが、残念ながら規制の目をくぐり抜ける輸出が定期的に発生しています。「外為法違反」または「不正輸出」というキーワードでインターネット検索して過去にどのような事例があったかを調べてみよう。またこのような事態を撲滅するためにどのような取り組みが求められるかを考えてみよう。

筆者のひとりごと（「物流業者」といっても多種多様）

　贈答品やネット通販の商品を希望する時間帯にトラックドライバーが玄関先（door）にまで届けてくれる宅配業者のサービスは実に便利です。そして大手宅配業者は企業間の国際物流も手がけていることが多く、やはりトラックを使った door to door の国際輸送サービスを顧客企業に提供しています。ところで日本の輸出入者がかかわる貿易取引では日本⇔外国の国際輸送には必ず海上（または航空）輸送が伴いますが、宅配業者は船舶や航空機を保有していません。それでは彼等は輸出入者の貿易貨物をどのようにして海上（航空）輸送しているのでしょうか。船舶や航空機を保有、運行する企業としては船会社や航空会社という別の物流業者が存在しますが、彼等は船（航空）会社から船舶や航空機内の「スペース（空間）」を買い、そこに顧客企業から預かった貨物を積載して海上（航空）輸送しています。このような輸送方法を「利用運送」といいます。船（航空）会社は通常、路線バスのように輸送ルートとスケジュールを決めて船舶や航空機を定期運行しているので、顧客企業の要望に沿う最適な輸送ルートとスケ

ジュールによる輸送手段で利用運送し、これにトラックによる陸上輸送を組み合わせて door to door の国際輸送を行うことが可能となります。また各種輸送手段のみならず、倉庫等の物流施設も一切保有せずして顧客企業に輸送サービスを提供している物流業者も存在します（比較的欧米に多い）。彼等が保有するのは輸送や保管等に関する「物流ノウハウ」のみであり、そのノウハウを駆使して他社が保有する輸送手段や物流施設を最適に組み合わせ、これを利用することによって顧客企業の要望に沿う最適な輸送サービスを提供します。さらに欧米ではトラックや航空機といった輸送手段や倉庫等の物流施設を自らで保有し、自前の物流資産のみで顧客企業に door to door の国際輸送サービスを提供する巨大物流業者も存在します。このように一言で「物流業者」といっても、実に様々なタイプの事業者が存在しています。

第9章　ICTが変えるモノ・コトの価値

1. スマートフォンって便利なの?

「ピピピッ、ピピピッ」

　時間を見てベッドから飛び起きたところです。昨夜、友人の
メッセージがSNSで炎上し、夜更かしたので1時間目覚まし
をかけ間違えてしまったようです。急いで今日の授業の科目を
確認してカバンに教科書をいれます。電車の時間を調べるが、
どういうルートで行っても10分は遅刻のようです。焦りなが
ら身支度を行い、家の鍵を閉めて自転車に飛び乗りました。駅
に着き、友人へ連絡。「朝のホームルーム10分遅れる。よろ
しく。」朝食代わりに栄養ドリンクを購入し、無事に電車に乗
れたのでした。「ホッ」

　ここでの主人公は中央太郎君。どこにでもいる高校2年生
です。さて先ほどのストーリーは、中央太郎君が遅刻して起き
てから電車に乗るまでの描写でしたが、毎日の行動で必ず必要
で常に使っているモノは何でしょうか?　時計、手帳、お金、
鍵等々、それらはすべて皆さんがもっていて必要なモノである
けれども、常にもち歩いていて一番大事なモノはやはりスマー
トフォンではないでしょうか。一世代前は、電話の機能でしか
なかった携帯電話でした。それから、携帯電話が時計と電話と
しての機能を超えてパソコンと同じような機械に変化しまし

た。インターネットのページが見られるようになったことで、調べたり、記録したり、コミュニケーションができるようになりました。現在では、さらに進みお金の決済機能や鍵の開け閉めなど付加価値を付けたサービスが台頭してきています。

さて、中央太郎君の朝の行動をもう少しよく見ていきますと、スマートフォンを常に使用していることが分かります。①目覚まし時計としての機能、②起きてからすぐに今日の授業の確認をスマートフォンのメモの機能で確認、③電車の時刻はスマートフォンのアプリで確認、④家の鍵はスマートキーでスマートフォンを玄関の扉にタッチして施錠、⑤駅で友人にSNSアプリを使って遅刻することを送信、⑥栄養ドリンクをモバイル決済サービスで精算、⑦改札でも記録されている定期券の情報で駅に入ることができます。起きてからたった30分の間にこれだけのことに利用しており、切っても切れない存在になっています。

今日のICT機器の代表例ともいえるスマートフォンは、様々な観点から説明することができます。この章では、その価値、課題および技術的な背景を「価値共創」という観点から簡単に紐解いていきます。まず、価値共創が重要視される新たな社会においては、企業が代表的な利用者のニーズを想定しつつ製品やサービスを効率的に生産して提供する従来型の「対応型アプローチ」で臨むビジネス展開には限界があること、その限界を克服する方法の1つに「価値共創型アプローチ」による展開があることを確認します。その上で、スマートフォンが我々の生活や企業活動においてどのように利活用されているのかについての代表的な仕組や技術を取り上げて説明します。

2. 経験価値が重視される時代

　モノが相対的に不足している時代においては、不足している
モノを供給する企業の生産性やコストを中心に製品やサービス
の仕様や機能、販売価格を決定し、それを供給すれば顧客は満
足してきました。時代とともに、製品やサービスに対する供給
が需要を上回るにつれて、顧客は標準化や規格化された製品や
サービスでは飽き足らなくなってきます。この対応を図るため
に、多様化した顧客ニーズに合わせて企業は製品やサービスの
多角化を図ることになります。今日の企業の顧客ニーズへの対
応も基本的にはこの路線をたどってきていると理解できます。
顧客ニーズに注意深く耳を傾け、そのニーズを満たす製品や
サービスを提供するという対応型アプローチのおかげで、数々
の優れた新製品やサービスが生み出されてきました。

　しかしながら、製品やサービスの供給が需要を上回るにつれ
て、利用できる機能が増えるだけでは顧客の満足度の向上に結
びつかない状況が増えてきています。例えば、現在のスマート
フォンの機能は実に多様です。中央太郎君の例からも明らかな
ように、通話機能はもちろんのこと、メールの送受信、ブログ
への書き込み、目覚まし時計、ゲーム機、テレビ、カメラ、ビ
デオ、電車の時刻表や目的地の検索、さらには銀行口座の残高
の確認や代金の決済の機能などまで備えています。

　確かに、一方ではこのような盛りだくさんの機能は、新製品
の新しい機能をすぐに試してみたいと思っている人からみれ
ば、確かに魅力的な価値あるものとして映るかもしれません。
その一方で、利用者の中にはスマートフォンには複雑な機能や

1度も利用しない機能が多いけれども、目的の機能をすばやく見つけたり適切に操作したりすることができないために、やや困惑した経験を感じている人もいるかもしれません。そうした利用者の中には、製品やサービスの機能に価値観や満足感を感じているのではなく、音質がよく、カンタンで、字が大きく、使いやすいスマートフォンを通して、友達や家族との豊かなコミュニケーションができることに価値観や満足度を感じている人もいることでしょう。また別の利用者の中には、日々の生活の中で経験した出来事についての写真や感想をネットで発信して多くの人に読んでもらったり、共感や感想をもらったりすることで「承認要求（Esteem）」に対する満足感や達成感を感じている人もいるかもしれません。そうした利用者にとってみれば、スマートフォンは自らの日々の経験をネットに発信してみたり、ネット上で他の人とのコミュニケーションを支援したりする重要な道具としての価値をもっています。

　このように最新のICT機器の代表例であるスマートフォンを1つ取り上げて、利用者にとっての価値とは何かを考えてみますと、実に様々な価値が実現されていることが分かります。その価値は、製品やサービスの機能の充実というかたちで対応ないし実現できるものもあれば、そうではなく、それらの製品やサービスを使ってどのような充実した経験、楽しい経験、豊かな経験というかたちで実感できるものまで含まれることが分かります。後者の価値は、製品やサービスの「機能的な価値」とは別の「経験価値」と呼ばれています。

　この経験価値は、提供者である企業が、利用者による利用を想定しつつ一律的に規定できる価値とは異なります。そうでは

なく、ある状況の中で利用者が個人的・個別的に実感する価値です。上記のスマートフォンの例から分かるように、同一製品やサービスであっても、利用者自身の関心、興味、懐具合、値段、環境などの状況によってとらえ方がそのつど変わってくる主観的なものです。例えば、利用者が製品やサービスの価値を見出す過程には、企業側によって提供される製品の機能を利用する過程、購入しようとする製品やサービスを"ワクワク"としながらあれこれ選択する過程、"商品を友達と一緒に利用する姿を思い浮かべながら"実際にオークションで商品を購入する過程、あるいは希少性があるモノを所有する喜びを実感する過程等が考えられます。

3. 対応型アプローチから価値共創型アプローチへ

経験価値を重視する社会においては、利用者のニーズに基づく製品やサービスを作りそれを利用者に提供する「対応型アプローチ」はどのような変更を迫られるのでしょうか。経験価値はそれぞれの個人が主観的に認識する価値であることからすれば、その価値を最もよく分かるのは利用者自身です。このことから、その価値を提供する役割を利用者自身にすべて任せてしまうことが最も良いと考えることもできますが、そのような発想はあまりにも短絡的であります。確かに、痒い背中の場所を一番知っているのは背中の痒い当人でありますので、その当人に任せておけば痒い場所が明確になります。

しかしながら、痒い背中の場所がいつも同じというわけではないのと同様に、利用者のニーズは状況によって変わったり、

製品やサービスを実際に利用する中で変化してしまったりします。例えば、ある製品やサービスの新機能に対して当初は驚きや感動をもって評価していたとしても、それを繰返し使っているうちに当たり前という評価に変化してしまうこともあるでしょう。また、利用者は製品・サービス自身の使い方に慣れ親しむにつれて、自らの使い方にこだわりそれ以外の使い方や新たなニーズを考えることができPなくなるP「機能固定（Functional fixedness）」という傾向があるといわれています。そして、関心や興味が高い製品についてはいざ知らず、新製品やサービスのニーズについて聞かれても必ずしも明確に説明できるとは限りません。しかも、たとえある特定の状況において何が欲しいかを理解していても、利用者は企業に伝える義務、責任もなければ、正しく伝える機会もない場合が多いのです。

　さらには、痒い場所が分かっても、本人に代わって掻くという役割を演じる人がいなければ目的（掻いてもらい痒みを和らげる）が達成されないでしょう。同様に、個人的・個別的な経験価値を実感するのが利用者自身であっても、それを実現するためには、これまでと同じように製品やサービスを生産、提供、演出する役割を演じる企業、サプライヤー、各種関係会社の役割が必要となります。

　以上のことから、経験価値を重視する社会においては、これまでのように製品やサービスの提供を企業だけに委ねる「対応型アプローチ」や、また「利用者のみに任せるアプローチ」には限界があるといえます。利用者の満足度をより一層高めるためには、お互いが何を望んでいるかを思いやる気持ちや安堵感や信頼感を育むような関係性を構築したり、利用者と企業が問

題意識を共有したり、共通の価値観を醸成すべくお互いに働きかけをしたり、質問に誠実に応えたりするなどといった役割を共に演じることが求められているといえます。つまり、経験価値を重視する社会においては利用者と企業とが一体となって価値創造の役割を演じる「価値共創型アプローチ」が求められているのです。

それでは、本章が焦点を当てるスマートフォンは、価値共創を重視する社会においてはどのような役割を果たしているのでしょうか。

4. 価値共創社会におけるスマートフォン

本章のはじめの箇所において、高校生の中央太郎君が起床してから電車に乗るまでの描写を通じて、スマートフォンという道具が我々の生活になくてはならない必須アイテムであることを説明してきました。繰り返して言えば、目覚まし時計、授業の確認、電車の時刻の検索、施錠、友達への連絡、定期券として利用することができます。これらの機能は、いずれもアプリと呼ばれるスマートフォン向けに開発されるソフトウエア（コンピュータプログラム）を介して提供されてきました。

かつてインターネットが普及する以前の時代においては、パソコン向けのソフトウエアは CD-ROM や DVD-ROM などの記録メディアに記録されてその説明書と一緒に箱詰めして量販店で販売されてきました。この時代においては、ソフトウエアを開発・販売する会社は、販売後にソフトウエアを利用者がどのように利用しているのかについての状況を的確に把握するこ

とや、それに基づいて機能を改善していくことができなかったのです。そのために、彼らは代表的な利用者のニーズを想定しつつそれに対応するソフトウエアを効率的に開発する「対応型アプローチ」によってビジネスを展開せざるを得なかったのです。

　それに対して、今日のスマートフォン向けのアプリを開発・販売・運用する提供側の会社は、アプリの利用をモニタリングできる仕組みを組み込むことによって利用者の利用状況を時々刻々と把握できます。さらには、高校生の利用に限らず、日常生活において人々がスマートフォンを使って何かをするときには必ずアプリが必要となり、その種類は非常に多岐に及びます。また、アプリを利用する際には、アプリの利用データに加えて、GPS（Global Positioning System）機能を備えるスマートフォンの普及により、これまでは収集することができなかった利用者の各種のデータ（滞在場所、時間、移動手段など）も同時に収集して利用できる環境が整ってきています。現時点では、これらの一連のデータを分析して活用することが十分にできているとは必ずしもいえない状況にあります。しかしながら、このモニタリングしたデータに基づいてユーザの満足度や各種の改善に結び付ける事例が新聞などでも少しずつですが報告されています。例えば、スマートフォンを携帯する利用者の位置情報を基にして、あるエリアに入った人を対象にクーポンをその人のスマートフォンに配信するなどの活用例です。そして、このような利用者とアプリ提供側とが一緒になってアプリの機能を改善させていくビジネス展開は、まさに「価値共創型アプローチ」の典型例として理解できます。

ただし、その一方においては、このような利用者によるアプリの利用状況の把握は、利用者のプライバシーを侵害する恐れもあることからその取扱いについては注意も必要になります。例えば、利用者が自らの利用データをどのように取得・利用されているのかを十分に理解できないままに、利用データを取得・利用されてしまう危険や不安に対する懸念があるからです。そのような懸念に対して、総務省を中心として、個人情報の保護に関する法律、プライバシーに関する判決、電気通信事業法、その他の関係法令の趣旨をとり込みつつ、スマートフォンアプリに係わる関係事業者等が取り組むべき事項が検討されています。

　また、電車のホームや人ごみの中で、歩きながらスマートフォンを操作する人も増えており、スマートフォンを巡り、事故が起きたりトラブルが起きたりして、社会問題にもなってきています。このように、スマートフォンを代表とするICT機器やネットワークの進展はメリットばかりではないのです。メリットに隠されたデメリットや気を付けなくてはならない面も多く存在するのです。

　以下では、スマートフォンを用いて価値共創の社会を構築する上でカギとなる代表的な技術基盤として、クラウド、AI、ビックデータを取り上げてその仕組みについて解説します。

5. 代表的な技術基盤

■ クラウド

　語源は、雲の英語であるクラウド〔Cloud〕からきていて、便

利なサービスやデータが保存されている場所がはるか離れた雲の上からきていることからクラウドといわれています。一昔前は、C/S（クライアント／サーバ：クライアントが顧客側で、サーバがサービスを提供する側のプログラムや、それが動くコンピュータで処理をやり取りする）方式といって、サービスを提供する場所や機器（ハードウェア）が明確に分かっているものでした。それがネットワークの急速な発展によって、サービスを提供するサーバはどこにあってもいい、ホストコンピュータ（ハードウェア）がなくてもいい、コンピュータでやってもらうサービスだけを提供できればいい、ということになってきて、急速にクラウドサービスは発展してきています。

　中央太郎君が利用していたコミュニケーションツールやメールといったサービスも、現在ではほとんどクラウドサービスによって提供されているのです。つまり、今までのメッセージ等は、所有しているスマートフォンには保存されていません（一時的には保存されていても、更新されていない状態です）。

　現在のネットサービスには欠かせないクラウドサービスでありますが、一長一短もあります。メリットとして、①インターネット（ブラウザ）が使えれば、どこからでも同じデータにアクセスでき、サービスを利用することができること、②提供されているサービスを使った分だけ使用料を払えば良いという従量制であること、③自分で管理していないので、万が一、自分のネットワークやコンピュータがハード的ソフト的に破壊されても、データが保持されサービスが継続できるといったことがあげられます。一方デメリットとして、①パスワード等のIDを盗まれるとデータ等が簡単に盗まれてしまう等、自分でサー

バを管理していないので、セキュリティに不安が残ること、②常にインターネットに接続していないとサービスが受けられなかったり、データが手元に残らなかったりといったことがあげられます。

　現在、インターネットがいつでもどこでも繋がる環境があり、手元にスマートフォンがあれば普通にサービス利用できると思っていても、震災などによりインターネットが繋がらなくなった時は大変混乱する事態があることも忘れてはなりません。

■ AI

　人工知能を英語にした Artificial Intelligence の頭文字をとってAI（エー・アイ）と呼ばれています。人間が行う知的な行為（認識、推論、言語理解など）をコンピュータが行う技術を指します。最近脚光を浴びるようになりましたが、50 年以上も前にアメリカの研究者によって命名されました。コンピュータの進展と共に、AI の技術も進み、チェス・オセロ・将棋・囲碁などのゲームにおいては、人間のチャンピオンを打ち負かし、クイズ番組でも人間のように解答できるレベルまで技術が進歩してきています。AI 技術の進展は、ビジネス界や一般生活にも影響を与え、米国 IBM 社が所有するワトソン（Watson）という AI コンピュータは年間 1 兆円を稼ぐ程の規模になっています。特に、近年は従来の機械学習よりも進んだディープラーニング（Deep Learning：深層学習）という技術が確立して、さらにビックデータ（Big data：大量のデータ）を処理できることにより AI 技術を利用したサービスが飛躍的に拡大しています。今後、益々技術の進展が予測され、AI が人類の知能を超える転換点であるシ

ンギュラリティ（Singularity：技術的特異点）が 2045 年にやってく
る、といわれています。

■ **コラム（ビッグデータは誰のもの？！～「スイカ（Suica）」履歴の外販の波紋～）**

　ビックデータをビジネスに活用する動きは加速していますが、2013
年 JR 東日本が日立製作所へ販売したスイカの乗降履歴データ外販問
題（有償で販売）に関しては様々な議論をよびました。JR 東日本の立場
からすれば、自社独自で開発したカードの利用者情報は、氏名、電話
番号や個人を特定する情報を抜いた「パーソナル・データ」であれ
ば、経営的には販売して利益を得たいのは当然です。またその後、
NTT データも特定地域の時間ごとの人口変化の情報を販売しようと
して話題になりました。このような企業のビッグデータの活用に関し
て問題にされているのは、個人のプライバシーの侵害の恐れの有無で
す。「スイカ」の普及によって、切符がなくなり、改札口の混雑緩和
等、ユーザへのサービス向上が行われましたが、利用するユーザが大
多数で公共的なサービスを提供している企業にとって、利用者情報の
活用や販売は未だ結論が出ない大変難しい問題をはらんでいます。

6. おわりに

「ジリジリジリジリ、ジリジリジリジリ」

　時間を見て布団から飛び起きた。昨夜、友人と長電話をし
て、夜更かしし、1 時間目覚まし時計をかけ間違えてしまった
ようです。学生手帳に書いてある時間割を見て、教科書をカバ
ンに入れます。焦りながら身支度を行い、キッチンに貼ってあ
る電車の時刻表を確認すると、どうやら、遅刻してしまいそう
です。テーブルの上にある家の鍵を取って、自転車に飛び乗り
ます。駅前のパン屋で牛乳とあんパンを購入し、定期券を見せ

て改札を通過します。電車が来るまでの間、牛乳とあんパンを食べて、混んでいる電車に無事乗りました。「ホッ」

　これは、中央太郎君のお父さんである中央一郎さんのある朝の出来事です。太郎君より30年前の話ですが、朝起きてからの行動が、親子ともども同じような経験をして同じ行動パターンをしています。しかし、これら場面でのモノやコトへの価値観はどう変化しているのでしょうか？　そして、さらに君たちの子どもたちの時代にはどう変化しているのでしょうか？ ICT機器は便利な側面だけでなく、懸念事項や課題もあわせもっています。スマートフォン1つで何でもできる社会になった今こそ、モノの価値観、コトの価値観を今一度考える時期が来ています。

【研究課題】

❶スマートフォンの利用から得られたデータは誰のものか、企業の具体的な事例を調べつつその是非について考えてみよう。

❷本章の最初の箇所において、中央太郎君のスマートフォンの利用例を通じて、スマートフォンがいかに我々の生活になくてはならない必須の道具となっているということを説明してきました。仮に、スマートフォンを利用することができない時代（例えば、中央太郎君のお父さんの一郎さんの時代）を想定する場合、中央太郎君がスマートフォンを利用して行ってきたことは、どのような手段を用いることで実行できるのか考えてみよう。

❸スマートフォンの利用をめぐっては、様々な事故が起き

たりトラブルが起きたりして、社会問題となっています。これまでどのような問題が社会問題として取り上げられてきていますか。また、発生した問題に対しては、どのような解決が図られてきていますか、新聞記事やインターネット検索をしつつ具体例を調べてみて、その是非についても考えてみよう。

❹スマートフォンの利用データを駆使しつつ、価値共創型のビジネスを展開する企業の取り組みについての具体例を調べてみよう。

　最後に、簡単におさらいとして商学の全体像について確認しておきましょう。

　商学の各領域をどのように分類するか明確に分けられない部分もありますが、中央大学商学部の現在の学科（経営学科、会計学科、商業・貿易学科、金融学科）をもとにすると次の図表1のようになります。全体像を理解してもらうため、図表1には関係する章と、本書では取り上げることができなかった内容も含んでいます。

　経営をするためには、まず様々な戦略を策定して、これを実行するための組織を構築する必要があります（経営系）。そして、策定した戦略にもとづいて商品を売るためのマーケティン

図表1

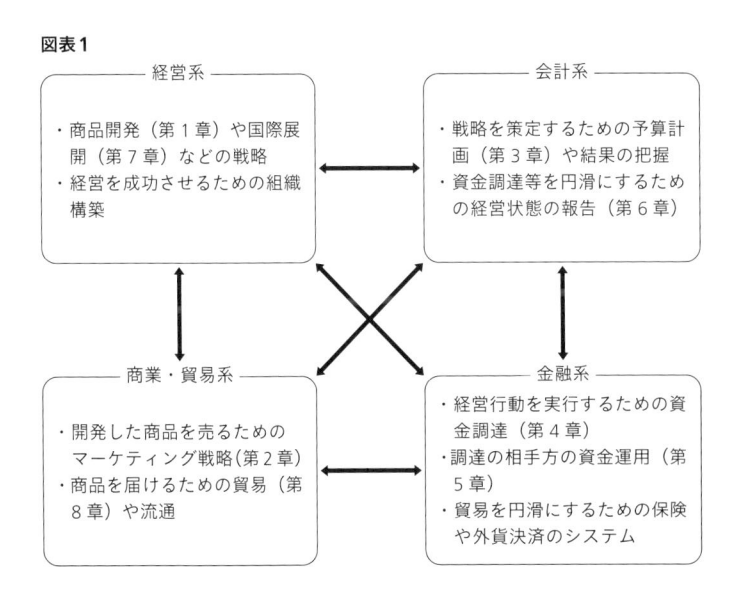

経営系	会計系
・商品開発（第1章）や国際展開（第7章）などの戦略 ・経営を成功させるための組織構築	・戦略を策定するための予算計画（第3章）や結果の把握 ・資金調達等を円滑にするための経営状態の報告（第6章）
商業・貿易系	金融系
・開発した商品を売るためのマーケティング戦略（第2章） ・商品を届けるための貿易（第8章）や流通	・経営行動を実行するための資金調達（第4章） ・調達の相手方の資金運用（第5章） ・貿易を円滑にするための保険や外貨決済のシステム

グや貿易・流通を考えなければなりません（商業・貿易系）。これらの戦略が達成可能か、もしくは実行後に新たな戦略を策定するために、実行前の予算や実行後の結果を数字で把握します（会計系）。さらに、これらの経営行動を行うためにはお金が必要であるため、資金調達も行わなければなりません（金融系）。他にも様々な場面で各領域を密接に連携させることによって、はじめて経営を成功に導くことができます。

　商学と他の分野との結びつきに目をむければ、企業を経営するには、様々な法律（主に会社法や商法）が関係してきます。そのため、本書でも第4章のブックガイドに姉妹書である『高校生からの法学入門』が挙げられています。利益だけを追い求めて違法行為をするのは論外ですが、法律によってまっとうな経営が制約される部分がある一方で経営をやりやすくするための法律もあります。そこで、経営を成功に導くにはうまく法制度を駆使することが必要です。また、商学と隣接する分野として経済学があります。商学は個々の企業や具体的な経営行動に着目するのに対し、経済学は企業や個人の行動を一般化して分析したり、国全体や世界全体に着目します。もし、個々の企業（商学）にだけ着目していると、木を見て森を見ずとなってしまいますし、実際の経営行動にあたっても国や世界経済の動きを捉えることが求められます。ただ、森だけを見ていると一部の木が病気になっていることを見過ごしてしまい、気づいた時には森全体に病気が蔓延して手遅れになってしまいます。そこで、中央大学を含む多くの大学の商学部や経営学部では商学関

係の他に経済学関係の科目を設定しており、経済学を専門的に学習するとしても商学の学習が欠かせません。このように、商学と経済学は密接なつながりがあります。

　もし、これら商学の領域に加えて法学・経済学をすべて深く理解することができれば、きっと優秀で著名な経営のリーダーになることができるでしょう！　しかし、本書を手にとった方の全員が優秀で著名な経営のリーダーを目指す必要はありません。商学の全体像を軽く理解するだけでも社会に出てから非常に役立ち、商学の中のある特定領域を集中的に学ぶことで専門家として活躍することもできます。序章にも書いたとおり、将来どのような領域に進んだとしても商学の知識は必ず役立ちますので、皆さんが何を専門とするかに関わらず本書がきっかけとなって商学に興味をもってもらえれば幸いです。

※2022 年 4 月に、商業・貿易学科は国際マーケティング学科に名称変更しました。

執筆者紹介（掲載順）

渡辺岳夫 ［わたなべ・たけお］
中央大学商学部教授（はじめに担当）
【主な担当科目】原価計算論、Jリーグ・ビジネス論など

中村英敏 ［なかむら・ひでとし］
中央大学商学部准教授（序章・第二部第6章・おわりに担当）
【主な担当科目】アカウンティング入門、財務会計論など

菅野洋介 ［かんの・ようすけ］
中央大学商学部准教授（第一部第1章担当）
【主な担当科目】マネジメント入門など

久保知一 ［くぼ・ともかず］
中央大学商学部教授（第一部第2章担当）
【主な担当科目】マーケティング入門など

潮 清孝 ［うしお・すみたか］
中央大学商学部教授（第一部第3章担当）
【主な担当科目】アカウンティング入門、管理会計論など

奥山英司 ［おくやま・えいじ］
中央大学商学部教授（第二部第4章担当）
【主な担当科目】マネー＆ファイナンス入門など

高橋豊治 ［たかはし・とよはる］
中央大学商学部教授（第二部第5章担当）
【主な担当科目】証券投資論、金融工学など

日高克平 ［ひだか・かっぺい］
中央大学商学部教授（第三部第7章担当）
【主な担当科目】多国籍企業論など

山本慎悟 ［やまもと・しんご］

中央大学商学部教授（第三部第8章担当）
【主な担当科目】国際商務論、グローバル・ビジネス実務など

斎藤正武 ［さいとう・まさたけ］

中央大学商学部教授（第三部第9章担当）
【主な担当科目】技術経営論など

堀内 恵 ［ほりうち・さとし］

中央大学商学部教授（第三部第9章担当）
【主な担当科目】経営情報論、ビジネスデザイン論など

高校生からの商学入門

2019年 7 月31日　初版第1刷発行
2021年 1 月15日　初版第2刷発行
2023年12月15日　初版第3刷発行

編　者	中央大学商学部
発行者	松本雄一郎
発行所	中央大学出版部
	〒192-0393　東京都八王子市東中野742-1
	電話：042-674-2351　FAX：042-674-2354
	https://sites.google.com/g.chuo-u.ac.jp/chuoup/
ブックデザイン	松田行正＋梶原結実
印刷・製本	藤原印刷株式会社